HARALD INGENSAND

DIE IDEOLOGIE DES SOWJETKOMMUNISMUS

EDITON ZEITGESCHEHEN

Edition Zeitgeschehen

HARALD INGENSAND

DIE IDEOLOGIE DES SOWJETKOMMUNISMUS

13., überarbeitete Neuauflage 1975

Satz: Niko Jessen, Hamburg
Druck: Küster-Pressedruck, Bielefeld 11
Einband: Klemme & Bleimund, Bielefeld
Printed in W. Germany 1975
ISBN 3 · 7716 · 2084 · 8

Unwissenheit ist kein Argument.

Lenin

Habe Mut, dich deines eigenen Verstandes zu bedienen.

Kant

Inhalt

Einleitung

Mit 5 Weltkarten demonstrierte die sowjetische Zeitschrift *Fanal* zum 40. Jahrestag der russischen Oktoberrevolution die erfolgreiche Entwicklung der kommunistischen Weltbewegung: Die Karte Nr. 1, mit der Jahreszahl 1848, dem Jahr also, in dem Karl Marx und Friedrich Engels das *Kommunistische Manifest* herausgaben, enthielt nur wenige, verstreute, als rote Pünktchen gekennzeichnete kommunistische Zirkel. Auf der 2. Karte war London mit einem kräftigen roten Fleck markiert, wo Lenin 1903 die Grundlagen der bolschewistischen Partei legte. Das Jahr 1917 hielt die 3. Karte fest: erstmalig hatte sich der Kommunismus in einem Land, in Rußland, siegreich durchgesetzt. Die 4. Karte zeigte, wie 1945 nach dem 2. Weltkrieg das Rot aus den Grenzen Rußlands nach Westen weiterfloß, über Ost- und Südost-Europa, über Ost- und Mitteldeutschland. Auf der 5. Weltkarte, Jahreszahl 1949, war auch China rot gefärbt; sie zeigte den Block des *Sozialistischen Weltfriedenslagers* mit rund einer Milliarde Einwohnern, mit rund einem Drittel der Weltbevölkerung. Zum 50. Jahrestag der Oktoberrevolution hatte die kommunistische Bewegung, besonders in Afrika und Südamerika, bereits weiteren Boden gewonnen, waren weitere Staaten erobert: Nordkorea, Nordvietnam und Kuba – fast als Beleg für den Satz, mit dem die 5 Weltkarten überschrieben worden waren: *„Unter dem Banner des weltverwandelnden Marxismus-Leninismus schreitet die Welt unaufhaltsam dem Siege des Kommunismus entgegen."*
Die Frage drängt sich auf, wie die Erfolgsbilanz der kommunistischen Weltbewegung lauten wird, wenn diese sich im November 1977 anschickt, den 60. Jahrestag der Großen Sozialistischen Oktoberrevolution zu feiern. Überblickt man die Periode, die seit jener stolzen Selbstdarstellung des Jahres 1957 bis zur Gegenwart vergangen ist, so kann man feststellen, daß sie eine Entwicklung eingeleitet hat, deren weltpolitische Auswirkungen wir noch gar nicht abschätzen können.
Der XX. Parteitag der Kommunistischen Partei der Sowjetunion (KPdSU) im Februar 1956 markierte innen- wie weltpolitisch einen wichtigen Einschnitt der sowjetischen Politik, dessen Bestimmungsfaktoren bis in die Gegenwart fortwirken. Mit der Distanzierung vom Stalinschen „Personenkult" wurde innenpolitisch ein neuer kollektiver Führungsstil in der Partei durchgesetzt, der einen gewissen Wandel der Herrschaftstechnik bewirkt hat. Die Proklamierung des Prinzips der friedlichen Koexistenz stellte die programmatische Grundlage der neuen sowjetischen Westpolitik dar, die nach den Krisenjahren 1961/62 (Bau der Berliner Mauer, Kuba) im Prozeß einer Entspannungspolitik münden sollte.
Der damalige 1. Parteisekretär der KPdSU, N. S. Chruschtschow, zog in einer bald bekanntgewordenen, aufsehenerregenden Geheimrede eine Bilanz des Stalinismus, in der zum ersten Mal offiziell auf die schwerwiegenden Opfer hingewiesen wurde, die als Preis für die Verwirklichung einer vermeintlich sozialistischen Gesellschaft in das Buch der Geschichte eingetragen sind.

Chruschtschow schilderte eingehend die systematische Beseitigung der kollektiven Führung in der KPdSU und ihre Ersetzung durch den unbeschränkten Machtanspruch Stalins. Mit zahlreichen Beispielen belegte er seine Feststellung, daß zu den Opfern der Stalinschen Säuberungen der Jahre 1936–1938 vor allem auch führende Parteimitglieder gehört hatten und rückte drei Aufgaben in den Vordergrund der Parteiarbeit:

1. Eine Klärung der ideologischen Grundpositionen der Partei.
2. Die Durchsetzung des „Prinzips der kollektiven Führung" in der Parteispitze.
3. Die Verwirklichung der Sowjetdemokratie und den Kampf gegen die „Willkür einzelner Personen".*

Dieser internen Selbstbesinnung der Partei, die niemals offiziell publiziert worden ist, entsprach eine demonstrative Änderung der außenpolitischen Konzeption, die sich in der Proklamierung des Prinzips der friedlichen Koexistenz ebenso äußerte wie in der Anerkennung unterschiedlicher Wege zum Sozialismus, durch die der absolute Verbindlichkeitsanspruch des sowjetischen Modells – wesentliche Ursache des Bruchs mit Jugoslawien 1948 – zunächst relativiert wurde und damit eine theoretische Legitimation für nationalkommunistische Entwicklungsprozesse in der sozialistischen Staatenwelt gegeben war.
Nicht nur die Kommentatoren des Westens, sondern vor allem viele Kommunisten selbst wurden durch diese neue Standortbestimmung der Sowjetpolitik in erheblichem Maße irritiert. Während zahlreiche alte Parteimitglieder in der Kritik an dem jahrzehntelang unangefochtenen „Führer und Genius" der kommunistischen Weltbewegung den Wahrheitsanspruch der Partei gefährdet, wenn nicht aufgegeben sahen, suchten die westlichen Analytiker die politischen Motive dieser spektakulären Neuorientierung aufzudecken. Hatte der Kommunismus etwa seine weltrevolutionären Ziele preisgegeben, begann er angesichts des weiter vorhandenen erheblichen wirtschaftlichen Rückstandes gegenüber den westlichen Industrienationen zu resignieren, begnügte sich die Sowjetpolitik plötzlich mit der Bewältigung ihrer innergesellschaftlichen Probleme? Spekulationen, Hoffnungen, falsche Erwartungen und Illusionen fanden mit einem Schlag breite Resonanz – wenn man jedoch nüchtern die Situation untersuchte, waren die entscheidenden Motive für diese wichtige Kurskorrektur der Sowjetpolitik unschwer zu erkennen. Sie lagen innenpolitisch in der Einsicht, daß die Praktiken eines dogmatischen Stalinismus die industriegesellschaftliche Entwicklung der Sowjetunion gravierend behindern würden, und waren weltpolitisch durch die Feststellung begründet, daß das atomare Patt der beiden Weltführungsmächte USA und UdSSR die direkte militärische Konfrontation als Mittel der Politik illusorisch machte, wenn man nicht die Gefahr der Selbstvernichtung riskieren wollte.
Die Sowjetunion war im Ergebnis des Zweiten Weltkrieges zur Weltmacht aufgestiegen, aber sie sah sich in ihrer ökonomischen Entwicklung Aufgaben konfrontiert, die mit den traditionellen Methoden einer starr zentralistisch organisierten Industrialisierungspolitik nicht mehr bewältigt werden konnten. Neben den dog-

* Vgl. Rede vom 25. Februar 1956. In: Die Entlarvung des Stalinterrors. Hrsg. vom Ostbüro der SPD, Bonn 1960, S. 61 f.

matischen Herrschaftsanspruch der Partei trat daher ein technokratisches Denken, das den Anforderungen der „wissenschaftlich-technischen Revolution“ zu entsprechen suchte und einen Interessenkonflikt im politischen Entscheidungsprozeß auslöste, bei dem die konservative Parteiideologie fortlaufend Vermittlungsversuche und Anpassungsprozesse mit den Effektivitätszwängen der Wirtschaftsentwicklung anstreben mußte.

Man kann wohl davon ausgehen, daß die politisch interessierte Öffentlichkeit in den westlichen Demokratien diese verstärkte ökonomische Orientierung der Sowjetpolitik inzwischen deutlich wahrgenommen hat, doch werden daraus häufig zweifelhafte Konsequenzen gezogen. Im Zusammenhang mit der Einleitung von Wirtschaftsreformen in der UdSSR und anderen sozialistischen Staaten seit Mitte der sechziger Jahre ist die These von einer „Entideologisierung“ der Sowjetpolitik verkündet worden. Die Manager der Wirtschaft wurden dabei als „Macht im Hintergrund“, ja zuweilen sogar als „Totengräber“ der kommunistischen Ideologie angesehen, die sich in den internen Auseinandersetzungen mit den Dogmatikern des Parteiapparates schließlich zwangsläufig durchsetzen müßten. Solche Prognosen von einer „Verwissenschaftlichung“ der kommunistischen Politik wurden nicht selten mit der Annahme verbunden, aufgrund gleichartiger Sachzwänge industriegesellschaftlicher Entwicklung in Ost und West sei eine „Konvergenz der Systeme“, d. h. ihre weitgehende Angleichung, zu erwarten.

Es ist kaum verwunderlich, daß auf diesem Hintergrund das Desinteresse gegenüber Inhalt und Bedeutung der Ideologie des Sowjetkommunismus ständig zugenommen hat und heute vielfach die Auffassung vorherrscht, die marxistisch-leninistische Weltanschauung sei eine Art von modernem Hexeneinmaleins, dessen einzige wirkliche Funktion in der bombastischen Rechtfertigung kommunistischer Politik bestünde, die im übrigen ausschließlich machtpolitischen Interessen und Grundsätzen folge.

Die vielfältigen Bemühungen um eine Entspannung der Ost-West-Beziehungen werden im öffentlichen Bewußtsein unserer westlichen Gesellschaften oft als Versuche interpretiert, nicht nur durch den Abschluß zwischenstaatlicher Verträge den Frieden sicherer zu machen, sondern darüber hinaus auch den Gegensatz der Gesellschaftssysteme und der zugehörigen Wertvorstellungen allmählich abzubauen. Daß es sich bei dieser Einschätzung um illusionäre Wunschvorstellungen handelt, ist den Bürgern unseres Landes insbesondere durch die Verstärkung der „ideologischen Abgrenzung“ in der DDR nach Abschluß des Grundvertrages deutlich geworden. Doch konnte diese Politik der ideologischen Abgrenzung niemanden überraschen, der sich in der Vergangenheit die Mühe gemacht hatte, die kommunistische Interpretation des Prinzips der friedlichen Koexistenz zu analysieren. In einer Einschätzung der Entspannungspolitik, die der Sekretär des ZK der KPdSU, B. N. Ponomarjow, auf dem Konsultativtreffen der kommunistischen Parteien Europas in Warschau vor wenigen Monaten gegeben hat, ist diese Feststellung enthalten: „Unter den Bedingungen der Entspannung begann sich der Klassenkampf um die ökonomischen und politischen Rechte der Werktätigen, gegen die Allmacht der Monopole, für grundlegende demokratische Umgestaltung, gegen die faschistischen Regime und für die sozialistischen Ideale der Arbeiterklasse freier und breiter zu entfalten."* Koexistenz bedeutet danach nicht den Verzicht auf die Verwirklichung weltrevolutionärer Zielsetzungen, sondern lediglich die Preisgabe bestimmter Mittel der direkten militärischen Konfrontation, die angesichts des atomaren Gleichgewichts der beiden Supermächte die Gefahr einer globalen Zerstörung beinhalten. In sowjetischer Sicht wird friedliche Koexistenz unverhüllt als eine „spezifische Form des Klassenkampfes auf internationaler Ebene" definiert. „Natürlich bedeutet friedliche Koexistenz nicht rückhaltlose Verbrüderung zwischen sozialistischen und kapitalistischen Staaten; es werden vielmehr bei diesem Konzept die Bereiche der Ideologie, des nationalen und sozialen Befreiungskampfes ausgeklammert,"** Aus dieser Formulierung wird deutlich, daß in der gegenwärtigen Auseinandersetzung der Gesellschaftssysteme der „ideologische Kampf" eine zentrale Funktion erhält, weil nach Auffassung der kommunistischen Parteien nur auf diese Weise die Dynamik der kommunistischen Weltbewegung, die Ausbreitung des Sozialismus, sichergestellt werden kann.

Die These von der Entideologisierung des Sowjetkommunismus im Zeitalter der Entspannungspolitik erweist sich somit als ein verhängnisvoller Irrtum. In einer Entwicklungsphase der Ost-West-Beziehungen, die durch eine Intensivierung von Kontakten gekennzeichnet ist, gewinnt eine gründliche Information über das ideologische Selbstverständnis der Kommunisten erheblich an Bedeutung.

Nun wird auf westlicher Seite immer wieder betont, daß der Marxismus-Leninismus wissenschaftlich nicht ernstgenommen werden könne. Die kommunistische Weltanschauung sei zudem durch die Praxis sozusagen seit Jahrzehnten tagtäglich widerlegt worden. Wenn für seine Existenz allein die Frage der Richtigkeit dieser seiner Lehre entscheidend wäre, dürfte es den Sowjetkommunismus eigentlich gar nicht geben. Es müssen also andere Gründe mit im Spiele sein, die Bedeutung und Wirkung des Marxismus-Leninismus erklären können.

Gewiß, die kommunistische Herrschaft läßt sich weitgehend auf eine rigoros praktizierte Technik politischer Machtausübung zurückführen. Indessen: ausschließlich mit Unterdrückung und Terror kann keine Regierung, auch eine kommunistische nicht, ihre Herrschaft auf Dauer aufrechterhalten. Jedes Regime ist schließlich auf ein Mindestmaß an Zustimmung und Mittun der Bevölkerung angewiesen. Kurz: nur mit Terror können wir nicht erklären, daß der Kommunismus eine Millionenzahl von Anhängern gefunden hat, und zwar auch in nichtkommunistischen Ländern wie Frankreich und Italien, in denen doch jedermann Kritik und Widerlegung zur Kenntnis nehmen kann. Unabhängig von Wahrheit oder Nichtwahrheit der Theorie müssen im Kommunismus also augenscheinlich noch andere, der wissenschaftlichen Argumentation gegenüber unempfindliche Kräfte wirksam sein: Kräfte der Versuchung, der Verführung und Faszination. Ohne sie wäre das Phänomen Kommunismus nicht erklärbar. Sie müssen deshalb berücksichtigt und auch in eine Darstellung der Lehre aufgenommen werden. Neben der rationalen Auseinandersetzung ist also auch die irrationale Komponente mit zu verdeutlichen, die Zweifel an der Wahrheit der Lehre zu überspielen vermag, die selbst Menschen, die

* Zit. in „Die Zeit", 18. April 1975, S. 3

** Michael Woslenski, a. a. O.

unter ihren konkreten politischen Auswirkungen leiden, dennoch in den Bann der Ideologie zu ziehen imstande ist.
So muß der Versuch, die Bekanntschaft mit der Sowjetideologie zu vermitteln, eine doppelte Aufgabe umgreifen: er muß neben dem Inhalt auch die Wirkung der Lehre darzustellen suchen.
Den Inhalt der kommunistischen Lehre zu kennen, ist eine Voraussetzung, um Ziele und Mittel sowjetkommunistischer Politik verstehen, um unsere eigene Lage erkennen, um mögliche Aktionen und nötige Reaktionen dem Osten gegenüber richtig bestimmen zu können. Von der Wirkung der kommunistischen Lehre zu wissen ist eine entscheidende Voraussetzung, um die Grenzen der Wirksamkeit unserer rationalen Kritik ermessen, um die politische Dynamik des Sowjetsystems begreifen, um vor allem die innere Situation eines Kommunisten wie der aus Osteuropa zu uns kommenden Menschen verstehen zu können.

In diesem Sinne folgt zunächst eine kurze, unkritische Darstellung der kommunistischen Ideologie in ihrer orthodoxen Ausprägung und ein ebenso kurzer Versuch, über eine Schilderung ihrer Wirkungen zu einer allgemeinen Charakteristik der Lehre zu kommen. Die kritischen Anmerkungen, die auch unseren eigenen geistigen Standort abschließend andeuten sollen, sind gesondert angeführt, um dem Leser zuvor die Möglichkeit zu geben, sich einmal ganz der kommunistischen Gedankenführung zu stellen und ihr gegenüber die eigene Argumentation zu überprüfen.
Eine Lehre jedoch, deren Literatur Legion ist, hier nun in der gebotenen Kürze noch mit zusätzlichen kritischen Anmerkungen darzustellen, zwingt zu einer äußersten Vereinfachung. Sie kann – in Darstellung und Kritik – allzuleicht zur Unterschätzung verführen. Ein solches Unternehmen vermag kaum mehr als das gedankliche Gerüst der Sowjetideologie zu skizzieren, zu den Wortformeln hinzuführen, die als Schlagworte in ihrer Agitation auftauchen. Es bleibt unvermeidlich nur ein hartes Skelett. Von den drei Teilen der Sowjetideologie – der Philosophie, der politischen Ökonomie und den politischen Lehren – wird hier im wesentlichen nur der philosophische Abschnitt, der historische und dialektische Materialismus, behandelt. Die Praxis politischer Bildungsarbeit läßt es methodisch ratsam erscheinen, zunächst einen Aufriß dieser philosophischen Lehren anzubieten, da sie im Keim auch schon die Grundthesen der beiden weiteren Teile enthalten. Die ökonomischen und politischen Lehren können dann später, genauer ausgeführt, mit dem bereits vorhandenen Wissen um ihren Bezug und um ihre Bedeutung zum Ganzen besser eingeordent werden.
Schwer fiel der Verzicht, Entstehung und Wandel der kommunistischen Philosophie aufzuzeichnen. Zum leichteren Verständnis mußte hier aber der systematischen Darstellung der Vorzug gegeben werden vor einer entwicklungsgeschichtlichen Schilderung. Aus dem gleichen Grunde steht (dem Lehrbuch entgegen, der Entstehungsgeschichte entsprechend) der konkretere Sachverhalt des historischen Materialismus vor der größeres abstraktes Denkvermögen erfordernden Dialektik. Die Erfahrung, daß allein das Vokabular der Sowjetideologie vielfach von der Lektüre abschreckt, hat nahegelegt, die belegenden Zitate in einem besonderen Teil zusammenzufassen. Die Darstellung wurde zudem mit einfachsten Beispielen

erläutert. Schließlich sind in den Text einige Skizzen aufgenommen, die dem Leser geschilderte Vorgänge verdeutlichen, vor allem aber Pädagogen beim Vortrag des Stoffes die graphische Demonstration erleichtern können. Wer sich für die Entwicklungsgeschichte des Marxismus-Leninismus interessiert, kann sich in einem im Anhang enthaltenen ideologiegeschichtlichen Überblick über die wichtigsten Etappen informieren.

Die vorliegende Schrift möchte den bereits vorliegenden, betont wissenschaftlichen und geistig anspruchsvolleren Publikationen zum gleichen Thema eine leichtere, allgemein verständliche Einführung voranstellen. Sie will gerade denen eine Hilfe geben, die sich nicht von einer entsprechenden Vorbildung selbständig den Zugang zum Verständnis der Sowjetideologie erschließen können.

Der Versuch dazu wird in der Überzeugung unternommen, daß die geistige Auseinandersetzung mit dem Sowjetkommunismus keinesfalls nur von einem kleinen Zirkel haupt- oder nebenamtlich damit Beauftragter ausgefochten werden kann und darf. Die ideologische Kampfführung der Sowjetkommunisten selbst zielt, wo immer sie es kann, auf uns alle, auf jeden von uns. Die Gefahr zu sehen, die dadurch entstehende Aufgabe zu bestehen, darf deshalb nicht Sache einzelner bleiben, sondern muß Anliegen aller werden.

Diese Auseinandersetzung ist heute allerdings nicht mehr nur mit der hier behandelten klassischen Lehre des Marxismus-Leninismus zu führen. Sie hat inzwischen verschiedene Ausprägungen erfahren. Die Namen Mao Tse-tung, Fidel Castro und Che Guevara stehen für bestimmte Spielarten, ebenso wie der um nationale Unabhängigkeit und außenpolitische Verständigung bemühte Kurs Ceaucescus in Rumänien, der – zerschlagene – Versuch eines freiheitlich-humanistischen Sozialismus Dubceks in der CSSR und schließlich der syndikalistische Kommunismus mit einer effektiven Betriebsverwaltung durch die Arbeiter im Jugoslawien Titos, der im übrigen als Wortführer der sozialistischen Entwicklungsländer, mit den Völkern der dritten Welt, zwischen den beiden Machtblöcken Politik zu machen sucht. Schließlich sind für den westeuropäischen Marxismus Theoretiker wie der verstorbene Ernst Fischer in Wien, vor dem Parteiausschluß 1969 Mitglied des ZK der KP Österreichs, und der ehemalige Parteitheoretiker der KP Frankreichs, Roger Garaudy, ebenso wichtig wie die Schriften des deutsch-amerikanischen Philosophen Herbert Marcuse für das Verständnis der jüngeren, radikalen Linken in vielen Ländern des Westens. Die Kenntnis der „reinen Lehre“ aber bleibt immer und überall Voraussetzung, die Wandlungen und Abwandlungen recht verstehen und ihre politische Bedeutung richtig einschätzen zu können.

Der Inhalt der Lehre

Die Ideologie des Sowjetkommunismus wird im Selbstverständnis der KPdSU und ihrer Gefolgsparteien als Marxismus-Leninismus bezeichnet. Dieser Begriff verweist auf die Entstehungsgeschichte der kommunistischen Weltanschauung und benennt Marx und Lenin als die beiden entscheidenden Ahnherren der kommunistischen Weltbewegung. Karl Marx fällt dabei die Rolle des grundlegenden Theoretikers der proletarischen Revolution zu, der gemeinsam mit seinem Freund und Mitstreiter Friedrich Engels die Bewegungsgesetze der geschichtlichen Entwicklung zum Kommunismus entdeckt hat. Als historisches Verdienst Lenins gilt vor allem, daß er die Lehren von Marx und Engels auf das Zeitalter des Imperialismus übertrug und mit dem Sieg der Oktoberrevolution von 1917 den praktischen Nachweis für die Richtigkeit der kommunistischen Revolutionstheorie erbrachte. Der Marxismus-Leninismus wurde von Stalin – zuerst in seiner Schrift über die „Grundlagen des Leninismus“ (1924) – als „wissenschaftliche Weltanschauung“ der Arbeiterklasse und ihrer kommunistischen Partei, aus der sich Strategie und Taktik ihrer politischen Aktionen ergeben, zum unumstößlichen Dogma erhoben. In der sowjetkommunistischen Ideologie werden im Anschluß an Lenin drei grundlegende Bestandteile unterschieden:

1. die philosophische Theorie: der dialektische und historische Materialismus;*
2. die ökonomische Theorie: die politische Ökonomie;
3. die politische Theorie: der wissenschaftliche Kommunismus.

Diese Einteilung läßt vermuten, daß sich die verschiedenen Elemente des Sowjetkommunismus deutlich voneinander abgrenzen. In Wirklichkeit gibt es aber bestimmte Grundprinzipien, die als gemeinsame Voraussetzung der philosophischen, ökonomischen und politischen Lehren angesehen werden können. Diese Feststellung läßt sich vor allem an der fundamentalen Bedeutung der Kategorien Materialismus und Dialektik verdeutlichen, in denen sich der Kerngehalt der kommunistischen Weltanschauung konzentriert.

* Die zur Kennzeichnung der philosophischen Theorie des Marxismus-Leninismus verwendeten Begriffe historischer und dialektischer Materialismus sind bei Karl Marx noch nicht nachweisbar. Der Begriff „historischer Materialismus“, im Sowjetkommunismus durchweg zur Charakterisierung der von Marx so bezeichneten „materialistischen Geschichtsauffassung“ gebraucht, ist von Engels – neben anderen Termini und ohne systematische Absicht – erst seit 1890 angewendet worden. (Vgl. MEW 37, S. 436 f.) – Den Begriff „dialektischer Materialismus“ hat Plechanow 1894 in Abgrenzung gegenüber dem „dialektischen Idealismus“ Hegels zuerst in einem systematischen Sinn verwendet. Etwa gleichzeitig findet sich die Bezeichnung auch in Lenins Schrift über die „Volksfreunde“, doch wird sie hier beiläufig neben anderen Kennzeichnungen wie „wissenschaftlicher Materialismus“ benutzt.

Wer sich der Mühe unterzieht, das ebenso tiefgründige wie umfangreiche Werk von Karl Marx sorgältig zu analysieren, wird bemerken, daß es Fragestellungen und Denkanstöße enthält, die in der Geschichte des Sowjetkommunismus weitgehend ignoriert wurden (dies gilt etwa für die Entfremdungsproblematik). Da sich diese Darstellung jedoch auf die grundlegenden theoretischen Aussagen des Sowjetkommunismus beschränkt, legt sie im folgenden die in der Sowjetunion verbindliche Marxinterpretation zugrunde. Sie konzentriert sich dabei auf die Grundprinzipien des historischen Materialismus und der materialistischen Dialektik.

Der historische Materialismus

Der historische Materialismus* ist die kommunistische Geschichts- und Gesellschaftslehre. Sie behauptet mit dem Anspruch der Wissenschaftlichkeit, daß die menschliche Geschichte gesetzmäßig abläuft, genauer: daß sich das menschliche Zusammenleben zwangsläufig zur kommunistischen Gesellschaftsordnung hin entwickelt.
Diese Lehre ist wesentlich von Karl Marx begründet worden.

Zum Begriff „Materialismus"

Der Begriff Materialismus hat in ihr eine andere Bedeutung als in dem bei uns üblichen Sprachgebrauch. Er kennzeichnet hier nicht jene – moralisch wenig angesehene – menschliche Haltung, die vor allem auf die Aneignung und den Genuß äußerer Güter abzielt. Eine derartige Bedeutung habe dieser Begriff nur bei einem Philister, so meint Friedrich Engels, der Freund und politische Gefährte von Marx.[1] **
Im historischen Materialismus wird der Inhalt dieses Begriffes von der Feststellung abgeleitet, daß alle Menschen bestimmte materielle Bedürfnisse haben, die unbedingt befriedigt werden müssen, damit sie überhaupt leben können. Alle Menschen müssen essen, trinken, wohnen, sich kleiden usw. Die Befriedigung dieser Bedürfnisse ist eine Voraussetzung menschlichen Daseins.[2] Jegliche menschliche Existenz steht also vor allem unter dem Zwang, dem Gesetz, diese allen Menschen eigenen materiellen Bedürfnisse zu befriedigen.

Der historische Materialismus erklärt nun, daß die Art und Weise, wie die Menschen die materiellen Güter ihres Lebensbedarfs herstellen und austauschen, jeweils die Gesellschaftsordnung bestimmt. Weiter, daß die fortschreitende Produktionstechnik den Wandel der Gesellschaftsordnungen in der Geschichte verursacht. Schließlich, daß die dergestalt bedingten Änderungen im Kommunismus münden. Der historische Materialismus sucht seine Behauptungen wie folgt zu beweisen:

* Siehe Fußnote Seite 15.
** Zahlen im Text verweisen auf die entsprechend numerierten Zitate auf den Seiten 85–104.

SEIN UND BEWUSSTSEIN

Produktivkräfte

Um ihre materiellen Bedürnisse befriedigen zu können, müssen *die Menschen arbeiten*, müssen sie die zum Leben nötigen Güter produzieren.[3]
Dabei entwickeln sie Werkzeuge, Arbeitsgeräte, Maschinen, kurz: *Produktionsinstrumente*, mit denen sie die Herstellung der gebrauchten Güter ermöglichen und erleichtern. Im Umgang mit diesen Produktionsmitteln erwerben sie bestimmte handwerkliche Fertigkeiten und *Arbeitserfahrungen.*
Die arbeitenden Menschen, ihre Produktionsinstrumente und ihre Arbeitserfahrungen bilden gemeinsam jeweils die *Produktivkräfte.*[4]
Die Produktionsinstrumente werden technisch dauernd weiterentwickelt. Sie sind im Laufe der Zeit von früher ganz primitiven Geräten, von groben Steinwerkzeugen, bis heute zu immer leistungsfähigeren Maschinen vervollkommnet worden. In gleicher Weise sind die Arbeitserfahrungen der Menschen gewachsen.
Dieser Prozeß der fortschreitenden Entwicklung der Produktivkräfte geht immer weiter.
Der erreichte Entwicklungsgrad, das technische Niveau, ist ein Maßstab für die Herrschaft des Menschen über die Natur und die Leistungsfähigkeit der Produktion.

Produktionsverhältnisse

Der technische Entwicklungsstand der Produktivkräfte beeinflußt aber auch die Beziehungen der Menschen untereinander. Die bei der Arbeit verwendeten Produktionsinstrumente bedingen eine bestimmte Art der Zusammenarbeit der Menschen im Produktionsprozeß.
(Erläuternd: Ganz primitive Geräte – einen Faustkeil, eine Steinaxt, Pfeil und Bogen, einen Holzpflug – kann jeder selbst herstellen, kann jeder allein benutzen und in Betrieb nehmen. Sie bedingen keine Zusammenarbeit, keine Arbeitsteilung. Hochentwickelte Produktionsinstrumente – z. B. ein Atomenergiekraftwerk, ein automatisierter Fließbandbetrieb – bedürfen dagegen der wissenschaftlich-technischen Vorarbeit von vielen entsprechend ausgebildeten Fachleuten, bedürfen zum Aufbau vielleicht staatlicher Kredite aus allgemeinen Steuermitteln, bedingen in den Betrieben eine funktionale Arbeitsteilung, eine Über- und Unterordnung der in ihnen arbeitenden Menschen. Je höher die Produktionsinstrumente technisch entwickelt werden, um so spezialisierter wird die Arbeit des einzelnen, um so nötiger ist die Zusammenarbeit, um so mehr verstärkt sich der gesellschaftliche Charakter der Arbeit. Die großen Betriebe führen viele und immer mehr Menschen in den Produktionsstätten zusammen, was wiederum Auswirkungen bis in den Bereich des Städtebaus, der Verkehrswege usw. hat.)
Damit ist gleichzeitig festgestellt, daß eine Änderung der Produktivkräfte auch eine Änderung in der Art der Zusammenarbeit bewirkt, daß eine Weiterentwicklung der Produktionstechnik auch das Geflecht der gesellschaftlichen Beziehungen verdichtet.

Zum anderen und hauptsächlich aber sind die menschlichen Beziehungen in der Gesellschaft dadurch gekennzeichnet, wie die Frage des Eigentums an den Produktionsmitteln* geregelt ist. Aus der Verteilung des Eigentums an den Produktionsmitteln ergeben sich die wesentlichen Merkmale der Ordnung der menschlichen Gesellschaft. Besitz oder Nichtbesitz an Produktionsmitteln entscheidet über Abhängigkeitsverhältnisse und Interessengegensätze in der Gesellschaft.
(Erläuternd: Derjenige, der Produktionsmittel besitzt, der herstellt, was andere benötigen, bringt diese in eine Abhängigkeit, kann Bedingungen stellen.
Diejenigen, die keine Produktionsmittel besitzen, die benötigen, was ein anderer herstellt, geraten in eine Abhängigkeit, müssen Bedingungen anerkennen.
Die zwischenmenschlichen Beziehungen sind dementsprechend von verschiedenen Interessenlagen bestimmt:
Der Produktionsmittelbesitzer will billige Arbeitskräfte, die – in seinem Betrieb angestellt – die Produktion vergrößern und den Gewinn erhöhen.
Diejenigen, die keine Produktionsmittel besitzen, wollen dagegen einen möglichst hohen Lohn für die von ihnen geleistete Arbeit.)
Besitz oder Nichtbesitz an Produktionsmitteln entscheidet ferner über die Möglichkeit der Eigentumsbildung, über die Vermögensentwicklung in der Gesellschaft.
(Erläuternd: Ein Produktionsmittelbesitzer, ein Fabrikant z. B., wird bei normaler wirtschaftlicher Entwicklung immer reicher, weil er aus der Arbeit, die in seinem Betrieb verrichtet wird, als Besitzer persönlich fianziellen Vorteil zieht.
Ein Mensch, der keine Produktionsmittel besitzt, ein Arbeiter oder Angestellter z. B., wird dagegen immer auf einem bestimmten Lebensstandard verharren, dem nämlich, der etwa durch die Lohn- und Gehaltstarife gekennzeichnet ist.)
Die Gesamtheit der menschlichen Beziehungen, die einmal vom technischen Entwicklungsstand der Produktionsinstrumente und zum anderen von den Eigentumsverhältnissen an den Produktionsmitteln maßgeblich abhängig sind, bilden – nach Marx – die *Produktionsverhältnisse* oder – in der Sprache von heute – die Sozialstruktur oder Gesellschaftsordnung.[5]

Aus den Produktionsverhältnissen gehen nun – wie noch zu zeigen sein wird – die geistigen Erscheinungen unseres Lebens hervor. Marx bezeichnet deshalb die Produktionsverhältnisse auch als die reale Basis, über der sich ein Überbau erhebt. Hierzu zählen die politischen und rechtlichen Verhältnisse, die politischen und philosophischen Anschauungen u. ä. Marx kommt zu dem Schluß, daß die Wirklichkeit des Lebens, vor allem die Art, wie die Menschen ihren Lebensunterhalt erwerben, ihr Denken prägt, daß die tatsächlichen Lebensverhältnisse der Menschen die Art ihrer Betrachtungen, ihrer Erfahrungen und Überzeugungen formen, kurz: daß das gesellschaftliche Sein der Menschen das Bewußtsein der Menschen bestimmt.[6]

* Produktionsmittel = Arbeitsmittel (Produktionsinstrumente, Betriebsgebäude, Verkehrseinrichtungen u. ä.) plus Arbeitsgegenstände (Bodenschätze, Rohstoffe u. ä.).

Juristische und politische Verhältnisse

Nach Marx, nach seinen Analysen der kapitalistischen Gesellschaft um die Mitte des 19. Jahrhunderts, ergibt sich aus dem Besitz der Produktionsmittel wirtschaftliche Macht, aus der wirtschaftlichen Macht politische Macht.[7]

(Erläuternd: 1849, ein Jahr nach Erscheinen des Kommunistischen Manifestes, wurde für Preußen das Dreiklassenwahlrecht beschlossen. Es teilte die Bürger in hohe, mittlere und niedrige Steuerzahler und gab bei Wahlen der Stimme eines Angehörigen der höchsten Steuergruppe bis über 5000mal soviel Gewicht wie der Wahlstimme eines Angehörigen der niedrigsten Steuerzahlergruppe.

Dementsprechend gestaltete sich der politische Einfluß der Produktionsmittelbesitzer und Nichtbesitzer von Produktionsmitteln. Fürsorgeempfänger hatten überhaupt kein Stimmrecht.)

Diese Feststellung, daß die wirtschaftlich Mächtigen auch jeweils die politisch Mächtigen sind, gilt nach kommunistischer Auffassung auch noch nach Abschaffung des Dreiklassenwahlrechts (1918) und nach Einführung des allgemeinen, gleichen und geheimen Wahlrechts. Die Herrschaft der Reichen ist danach lediglich nicht auf den ersten Blick erkennbar, da formal alle Bürger gleiche Rechte und Freiheiten genießen. Wirkungsvoll davon Gebrauch machen können aber nur die ökonomisch Starken. Abgesehen davon, daß sie die geltenden Umgangsformen, die führende Mode, den vorherrschenden Kunststil, die maßgebliche Lebensweise entscheidend repräsentieren und bestimmen, können sie die ihnen zur Verfügung stehenden Mittel auch und vor allem politisch wirksam werden lassen. So können sie z. B. Medien zur Bildung der öffentlichen Meinung einsetzen und über diese zu ihren Gunsten manipulieren.[8]

(Erläuternd: Die Meinungsbildung erfolgt nicht in einem „luftleeren Raum". Sie ist abhängig von den Informationen, Meldungen und Berichten, die uns zur Verfügung stehen.

Arbeiter können für ihre Anschauung praktisch nur im persönlichen Gespräch werben, Kapitalkräftige dagegen können ihnen genehme Parteien finanzieren. Sie besitzen Zeitungen, können andere über Inserate beeinflussen, können in Film und Funk werben. Ihnen stehen alle Spielarten der Publizistik propagandistisch zur Verfügung. Ungleiche Möglichkeiten in der Meinungsäußerung aber sind ungleiche Chancen der Interessenvertretung.)

Auf diese Weise wird die öffentliche Meinung vor allem von den Besitzenden beeinflußt. Aus der so gebildeten öffentlichen Meinung ergeben sich dann die Wahlresultate, die Parlamentsmehrheiten, schließlich auch die Regierungen.[9]

Der Staat, seine Repräsentanz, ist somit Produkt wirtschaftlicher Macht, die sich in politische Macht verwandelt hat. Er dient den wirtschaftlich Mächtigen folgerichtig als Instrument zur Vertretung ihrer Interessen.[10] So nützt das geltende Recht den Besitzenden insbesondere durch die Garantie und Aufrechterhaltung der bestehenden Eigentumsverhältnisse.[11] Da der Staat bei einer Wirtschaftsordnung mit privatem Eigentum an den Produktionsmitteln demnach nicht allen Volksschichten gleichmäßig gerecht wird, sondern den wirtschaftlich Starken Vorteile sichert, ist er ihre mehr oder minder verschleierte Diktatur.[12]

Politische Anschauungen, Philosophie, Religion

Aber nicht nur die politischen und juristischen Verhältnisse in einer Gesellschaft ergeben sich aus der ökonomischen Basis. Auch die politischen Grundhaltungen, die philosophischen Überzeugungen, religiösen Bekenntnisse sind im letzten durch die Stellung des Menschen im Produktionsleben bestimmt. Marx sagt, daß das menschliche Denken immer in den tatsächlichen menschlichen Verhältnissen seine Wurzeln und Quellen hat.[13] So sind auch die politischen Anschauungen mit der jeweiligen sozialen Lage der Menschen verbunden.[14]
(Erläuternd: Ein Produktionsmittelbesitzer, ein Fabrikant, der von der bestehenden Gesellschaftsordnung seinen Besitz und damit die Befriedigung seiner materiellen Bedürfnisse – vielleicht im Überfluß – gesichert sieht, wird höchstwahrscheinlich positiv zu der bestehenden Sozial-, Wirtschafts- und Eigentums-Ordnung stehen und sie gegen für ihn ungünstige Änderungsbestrebungen verteidigen. Obwohl er – um mehr zu produzieren, mehr zu verdienen – technisch die Produktionsmittel mit weiterentwickelt, damit den Prozeß der fortschreitenden Arbeitsteilung fördert, die Bedeutung und Verantwortung der im Betrieb Arbeitenden vergrößert, tritt er gesellschaftspolitisch – seiner Interessenlage entsprechend – für die Erhaltung der bestehenden Sozial-, Wirtschafts- und Eigentums-Ordnung ein. Er begehrt und handelt damit politisch k o n s e r v a t i v (z. B. Adel 1789, Bourgeoisie heute). Ein Nichtbesitzer von Produktionsmitteln, ein Arbeiter, dagegen, dessen materielle Bedürfnisse in der herrschenden Ordnung unvergleichlich schlechter, vielleicht nur minimal befriedigt werden, wird höchstwahrscheinlich für eine Änderung der bestehenden Sozial-, Wirtschafts- und Eigentums-Ordnung eintreten. Er begehrt auf Grund seiner immer weiter wachsenden Bedeutung und tatsächlichen Arbeitsleistung im Produktionsprozeß – seiner Interessenlage entsprechend – gesellschaftliche Gleichberechtigung, wirtschaftspolitisches Mitbestimmungsrecht, Abbau von Abhängigkeiten, vollen Lohn für den Wert seiner Arbeit. Er strebt eine sozialere Ordnung an. Er denkt und handelt f o r t s c h r i t t l i c h (z. B. Bourgeoisie 1789, Proletariat heute).
Sowohl im konservativen wie im sozial-fortschrittlichen Denken finden bestimmte materielle Interessenlagen ihren Ausdruck. Sie sind sozusagen der Kern jeder politischen Grundhaltung. Politische Lehren haben damit einen dienenden, einen funktionalen Charakter. Sie haben keine eigenständige geistige Herkunft, sie widerspiegeln die Lage dieser oder jener sozialen Gruppe. Sebst wenn sie ihre Zielsetzungen aus angeblich absoluten Werten zu rechtfertigen suchen, vertreten sie bestimmte Klasseninteressen. Sie sind *Ideologien.*[15]
Auch für den Bereich der Philosophie gilt nach Marx, daß die Menschen die Produzenten ihrer Ideen und Vorstellungen sind. Philosophische Ausführungen insbesondere darüber, wie der Mensch eigentlich sein sollte, wie die menschliche Gesellschaft menschenwürdig geordnet werden müßte, sind als Versuche, die Zukunft aus dem Erfahrungshorizont der herrschenden gesellschaftlichen Verhältnisse zu erklären, anzusehen. Auch sie haben einen ideologischen Charakter.
Entsprechend werden, selbst wenn der Zusammenhang mit der Basis hier komplizierter ist, auch religiöse Lehren gedeutet. Auch sie dienen durch ihre öffentliche Wirkung der einen oder anderen Klasse.[16]

(Erläuternd: Das Christentum betrachtet das Diesseits als die „gefallene Welt", als eine ewig unvollkommene Welt. Zur Vollkommenheit, ins Paradies, kann der Mensch erst nach seinem Tode, im Jenseits, gelangen. Den Menschen, die aus ihrer sozialen Lage an einer radikalen Besserung der irdischen Verhältnisse interessiert sind und in diesem Sinne politisch aktiv werden wollen, wird damit gesagt, daß diese prinzipielle Änderung zum Guten hier nicht möglich ist. Werden die bestehenden Verhältnisse von der Kirche als eine gottgewollte Ordnung dargestellt und politisch gar in einer Verbindung von Thron und Altar verteidigt, so trägt die christliche Lehre zur Erhaltung der bestehenden Verhältnisse bei, wirkt konservativ und dient damit der besitzenden Klasse. Sie wirkt Bestrebungen zur fortschrittlichen Weiterentwicklung der Verhältnisse entgegen, schläfert die möglichen politischen Aktivitäten der breiten Masse, die an einer solchen Änderung interessiert ist, ein. Somit gilt Religion als „das Opium des Volkes".)[17/18]

Zusammenfassung und Folgerungen

Die Lehre von Basis und Überbau[19] ist schematisch wie folgt zu skizzieren:

Überbau	*4 Politische Ideen, Philosophie, Religion usw.*		gesellschaftliches Bewußtsein
	3 Juristische und politische Verhältnisse		
Basis	*2 Produktionsverhältnisse*	*Produktionsweise*	gesellschaftliches Sein
	1 Produktivkräfte		

Es ergeben sich daraus folgende Konsequenzen:

a) Zu unterst bestimmend sind die Produktivkräfte, die sich ständig weiterentwickeln. Deshalb muß sich auch notwendig alles von ihnen Abhängige weiterentwickeln: Die Produktionsverhältnisse (oder Basis) und ihr Überbau. Die *Weiterentwicklung der Produktivkräfte zwingt* die Menschen, ihr Sein und Bewußtsein, *in eine fortschrittliche Entwicklungsgesetzlichkeit.*[20]

b) Da die Basis den Überbau bestimmt*, bestimmen letztlich die jeweiligen Produktionsverhältnisse die politischen, philosophischen und religiösen Lehren. Ihre Inhalte sind also zeitgebunden, ihre Erkenntnisse relativ. *Es gibt keine ewigen Wahrheiten*, sondern nur ein den Verhältnissen entsprechendes Denken.[21]

c) Aus a) und b) ergibt sich: Die ständige Weiterentwicklung der Produktivkräfte fordert eine ständige fortschrittliche Entwicklung der Produktionsverhältnisse und somit – im Überbau – auch ein fortschrittliches politisches Denken. Daraus folgt: *Nur das fortschrittliche Denken* wird der Wirklichkeit gerecht, entspricht der Entwicklungsgesetzlichkeit, *ist richtiges Denken.*[22]

d) Die *Besitzenden* werden von ihrer Interessenlage gehindert, gesellschaftspoli-

* Rück- oder Wechselwirkung des Überbaues auf die Basis wird eingeräumt.

tisch fortschrittlich zu *denken*; ihre Ideologie ist *falsch*. Die *Nichtbesitzenden denken* aus ihrer Interessenlage fortschrittlich; ihre Ideologie ist daher *richtig.*[23/24]

(Erläuternd: Richtiges Denken ist ein der Wirklichkeit entsprechendes Denken. Die Wirklichkeit wird von der Fortschrittlichkeit der Produktionsweise bestimmt. Nur fortschrittliches Denken ist deshalb richtiges Denken. Fortschrittliches Denken ist jedoch nur auf einer Seite anzutreffen, ist das den sozial Schwachen gemäße Denken. Wer richtig denken will, muß für sie Partei ergreifen. Richtiges Denken ist also parteilich.

Die politische Partei, die konsequent für den gesellschaftlichen Fortschritt eintritt – die KP – denkt also richtig. Oder: „Die Partei hat immer recht“.

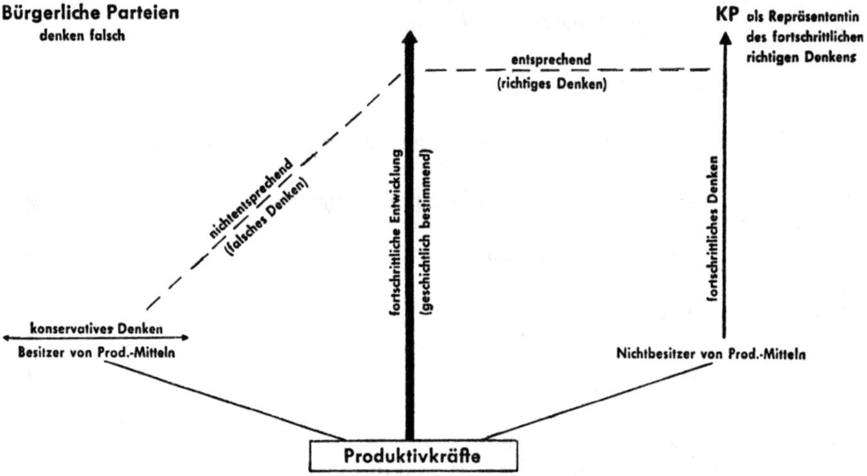

e) Den fortschrittlichen Kräften stehen die konservativen Kräfte der wirtschaftlich Besitzenden entgegen. Da die wirtschaftlich Besitzenden auch die politisch Herrschenden sind, hindern sie die notwendige ständige fortschrittliche Entwicklung. Diese muß ihnen abgerungen werden, da sie nicht freiwillig ihrem Besitzinteresse zuwiderhandeln. Der *Fortschritt* ist deshalb nur mit politischer Macht gegen sie, d. h. *in der Regel nur revolutionär zu verwirklichen.*[25]

f) Da sich wirtschaftliche Macht in politische Macht umsetzen kann, besteht in einer *Gesellschaft mit Privatbesitz an Produktionsmitteln* keine tatsächliche Chancengleichheit politischer Mitbestimmung. Sie kann deshalb keine reale, *höchstens eine formale Demokratie* sein.[26]

g) Wer eine wirkliche demokratische Ordnung will, muß deshalb für die Abschaffung privatwirtschaftlicher Macht, d. h. für die Vergesellschaftung der Produktionsmittel eintreten. *Demokratie* ist demnach in erster Linie keine Frage der Gesinnung der Bürger, sondern eine *Frage des Gemeineigentums an den Produktionsmitteln.*[27]

h) Die zum Leben nötigen Güter, die Voraussetzung jeglicher Existenz sind, werden von vielen Menschen gemeinsam, d. h. gesellschaftlich produziert. *Der Mensch* ist somit seiner Natur nach ein *gesellschaftliches Wesen.*[28]

i) Die soziale Lage der Menschen ist wesentlich von ihrem Verhältnis zu den Produktionsmitteln bestimmt. Große Menschengruppen, die sich durch ihre verschiedene Stellung im Produktionsprozeß, damit durch voneinander verschiedene Interessenlagen – wie Besitzer und Nichtbesitzer von Produktionsmitteln – unterscheiden, heißen *Klassen.*[29]
Das Schicksal der einzelnen Menschen kann sich grundsätzlich nur mit dem Schicksal der Klasse ändern.[30]
Der einzelne *Mensch soll* deshalb im Einklang mit seiner Klasse und ihren Interessen, d. h. *klassensolidarisch denken und handeln.*[31]

DIE GESELLSCHAFTSORDNUNGEN

Verfolgen wir nun geschichtlich die Entwicklung der Produktivkräfte, also die immer weiter fortschreitende Art und Weise der Produktion der zum Leben der Menschen benötigten materiellen Güter, so ergibt sich eine bestimmte Abfolge der daraus hervorgehenden Gesellschaftsordnungen:

Urgesellschaft

Zunächst arbeiteten die Menschen mit äußerst primitiven Steinwerkzeugen u. ä., mit Arbeitsgeräten also, die keine Arbeitsteilung erforderlich machten. Man leistete gleichartige Arbeit in kleinen Lebensgemeinschaften. Die Produkte der Arbeit gehörten allen gleichmäßig und gemeinsam. Es gab noch *kein Privateigentum an den Produktionsmitteln*, keine Ausbeutung, *keine Klassen* und keinen Staat. Dennoch herrschten damals natürlich keine „paradiesischen" Zustände.[32]
Dem niedrigen Entwicklungsstand der Produktivkräfte entsprach eine naiv-ursprüngliche Weltanschauung (z. B. griechische Mythologie).
In dieser Urgesellschaft bildete sich dann nach und nach eine natürliche Arbeitsteilung zunächst nach Alter und Geschlecht heraus, dann aber, in der weiteren Entwicklung und in der Trennung von Ackerbau und Viehzucht, auch eine gesellschaftliche Arbeitsteilung. Die Vervollkommnung der Produktionsinstrumente führte dazu, daß sich familiäre Arbeitsgemeinschaften bildeten, die privates Eigentum schufen, auch an den Produktionsmitteln. Diese Herausbildung der Arbeitsteiligkeit und des Privateigentums an den Produktionsmitteln ist – im historischen Materialismus – der eigentliche „Sündenfall" der menschlichen Gesellschaft. Daraus erwuchsen – unbewußt – schwerwiegende Folgen für den Menschen und seine Geschichte.

Sklavenhaltergesellschaft

Die Sklavenhalterordnung entstand zuerst in den Ländern des Orients und herrschte in Rom bis zum 2. Jahrhundert n. Chr.

Neue Werkzeuge, Arbeitsteilung und Privatbesitz an Produktionsmitteln erhöhten zunächst die Produktion. Die Arbeitsteilung machte den Austausch von Gütern notwendig. Dabei entstanden immer größere Vermögensungleichheiten. Ungleicher Besitz aber ist ungleiche Möglichkeit der Bedürfnisbefriedigung, ist Ursache von Abhängigkeiten und Interessengegensätzen, ist der Grund der Klassenbildung und des Klassenkampfes. Die ungleiche Produktivität nach der Arbeitsteilung bildete Reiche und Arme heraus und die Abhängigkeit der Armen von den Reichen bis zur Versklavung.[33]

Zwei Hauptklassen standen sich gegenüber: *Sklavenhalter und Sklaven* (zumeist zahlungsunfähige Schuldner und Kriegsgefangene). Die Sklavenhalter besaßen uneingeschränktes Privateigentum an den Produktionsmitteln und an den Sklaven, den eigentlich Produzierenden. Dank der Arbeit ihrer Sklaven wurden die Sklavenhalter der Mühe der körperlichen Arbeit enthoben und gewannen die Muße, sich geistig und künstlerisch zu betätigen: Kultur entstand.

Ohne jedes Recht und ohne den geringsten Schutz vor Willkür wurden die Sklaven ausgebeutet. Sie zeigten kein eigenes Interesse an ihrer Tätigkeit und mußten zur Arbeit gezwungen werden. Zur Verteidigung ihrer Herrschaft gegen Sklavenaufstände mußten die Sklavenhalter eine ständige Zwangsgewalt einrichten: der Staat entstand.

In der Sklavenhaltergesellschaft entwickelte sich aus der naiv-ursprünglichen die philosophische Weltanschauung, die Philosophie mit den beiden Grundrichtungen des Materialismus (Heraklit, Demokrit) und Idealismus (Sokrates, Platon, Aristoteles u. a.).

War die Sklavenhaltergesellschaft anfangs, als sie die Möglichkeit zur Verbesserung der Werkzeuge und zur Steigerung der Produktion schuf, fortschrittlich, so begann sie nach einiger Zeit die weitere Entwicklung zu hemmen. Die Produktionsverhältnisse wurden zu Fesseln für den Fortschritt der Produktivkräfte und damit der Geschichte: Die Sklavenhalterordnung, unfähig, ihre inneren Widersprüche zu lösen, mußte zugrunde gehen. In ihrem Schoße aber wuchs schon eine neue, höhere Gesellschaftsordnung heran: der Feudalismus.

Feudalismus

Der Feudalismus kennzeichnete Europa im Mittelalter.

An die Stelle der Sklaverei trat nun die Leibeigenschaft. Die neue herrschende Klasse der *Feudalherren* hatte volles Privateigentum an Produktionsmitteln, jedoch nur noch ein beschränktes Eigentum an den Produzenten. *Die Leibeigenen* mußten den Feudalherren Frondienst leisten, später auch Naturalabgaben liefern. Sie erhielten aber ein Mindestmaß an Rechten und konnten für eigenen Gewinn ein bescheidenes, meist gepachtetes Land bearbeiten. Dadurch gewann der Produzent ein stärkeres Interesse an seiner Arbeit und an der Steigerung der Produktivität. So erwies sich der Feudalismus gegenüber der Sklavenhaltergesellschaft als fortschrittlich. Doch schließlich führte auch die feudale Ausbeutung zum Klassenkampf, zu Aufständen (z. B. Bauernkrieg in Deutschland).

Während der Feudalgesellschaft entstand – im christlichen Abendland – die mit-

telalterliche scholastische Weltanschauung, die Religion, Theologie und idealistische Philosophie eigentümlich verknüpfte (Thomas von Aquin). In der von Gott geschaffenen (Feudal-)Ordnung hatte jeder für alle Zeiten seinen bestimmten Platz.
Im Feudalismus entwickelte sich die handwerkliche Produktionsweise, die Manufaktur. Sie bereitete den Wandel zu einer neuen Gesellschaftsordnung vor. Als Handwerker dazu übergingen, anderen Werkzeuge zu leihen, Arbeitsräume zur Verfügung zu stellen, den Handel auszuweiten, legten sie den Grundstein der industriellen Fertigungsweise. Sie führte zur Bildung des Bürgertums, der Bourgeoisie. Die neue Produktionsweise konnte sich jedoch unter den Verhältnissen des Feudalismus nicht entfalten. Der Widerspruch wurde gelöst, als das Bürgertum (z. B. in der Revolution von 1789) die überlebte und fortschritthemmende Feudalordnung stürzte und sich – historisch notwendig – zur neuen herrschenden Klasse erhob. Damit war die Bahn frei für die nächsthöhere Gesellschaftsordnung, den Kapitalismus.[34]

Kapitalismus

Der Kapitalismus bestimmte das 19. Jahrhundert. Die kapitalistische Gesellschaftsordnung ist wiederum gekennzeichnet durch die Privateigentümer an den Produktionsmitteln, die Kapitalisten, und durch die Lohnarbeiter, die Proletarier. Der Arbeiter ist zwar juristisch frei, befindet sich aber noch in wirtschaftlicher Abhängigkeit.[35/36]
Die kapitalistische Produktionsweise führte zwar anfangs zu einer ungeahnten Produktionssteigerung, gleichzeitig jedoch auch zu einer immer größeren Selbstentfremdung des Menschen. In der kapitalistischen Wirtschaftsordnung interessiert der Arbeiter nicht als Mensch, sondern als Arbeitskraft, als Produktionsfaktor, als numerische Größe, als Ware also. Das Produkt der Arbeit gehört nicht dem Arbeiter, sondern dem Besitzer der Produktionsmittel.
Die kapitalistische Produktionsweise findet ihre Entsprechung in der bürgerlichen philosophischen Weltanschauung (Descartes, Bacon) mit einer materialisitschen Ausprägung (z. B. Hobbes, Locke, Spinoza, Feuerbach) und einer idealistischen Richtung (z. B. Leibniz, Hume, Kant, Fichte, Hegel). In ihnen galt die bürgerliche Gesellschaft als die menschlich-natürliche. Für die marxistische Weltanschauung wachsen die wissenschaftlichen Voraussetzungen.
Im Zeitalter des Kapitalismus wird – durch Karl Marx und Friedrich Engels – der Grund der menschlichen Selbstentfremdung, der Grund der Interessengegensätze und Klassenkämpfe entdeckt. Ihre Lehre fordert, die Ursache der bisher so leidvollen menschlichen Geschichte, die vor allem in dem Privateigentum an den Produktionsmitteln zu sehen ist, zu beseitigen, den „Sündenfall" sozusagen wieder rückgängig zu machen. Der ausgereifte Kapitalismus erweist sich schließlich auch als unfähig, seine sich immer schärfer zuspitzenden inneren Widersprüche zu lösen. Er ist zum Untergang verurteilt. Sein Zusammenbruch ist unvermeidbar, historisch notwendig. Er kann beschleunigt werden durch die revolutionäre Aktion des Proletariats. Auf den Kapitalismus muß nun zwangsläufig die neue, fortschrittlichere und bessere Ordnung des Sozialismus – Kommunismus folgen.[37]

Sozialismus – Kommunismus

Im Sozialismus – Kommunismus sind die Produktionsmittel vergesellschaftet.[38] Sie gehören allen. Das Arbeitsergebnis, die industriell enorm gesteigerte Produktion, kommt allen gleichmäßig zugute. Die Ausbeutung des Menschen durch den Menschen wird beendet. Die von den früheren Eigentumsordnungen begründeten Interessengegensätze und Klassenkämpfe sind überwunden. Eigeninteresse und Gemeininteresse fallen zusammen. Das Leben der Gesellschaft ist nicht mehr von dem Kampf verschiedener Einzel- und Gruppeninteressen gekennzeichnet, der Mensch ist dem Menschen nicht mehr ein Wolf, sondern ein Bedürfnis. Der Sozialismus ist die Gesellschaft des Friedens. Der Staat, seine Machtapparatur, wird mehr und mehr überflüssig; er stirbt ab. Der Mensch ist frei und Herr seiner Geschichte. Mit der klassenlosen Gesellschaft beginnt die eigentlich menschliche Menschheitsgeschichte.

Die Weltanschauung des Sozialismus ist der dialektische und historische Materialismus.

Im Sozialismus findet jeder seinen Platz nach Fähigkeit und Leistung, im Kommunismus schließlich nach Fähigkeit und Bedürfnis.[39]

Zusammenfassung und Folgerungen

a) Die menschliche Geschichte durchläuft, unablässig getrieben von der fortschreitenden Entwicklung der Produktivkräfte und der aus ihr hervorgehenden gesellschaftlichen Verhältnisse,[40] folgende Epochen:

b) Die Produktivkräfte entwickeln sich ständig weiter, die Eigentumsverhältnisse an den Produktionsmitteln ändern sich jedoch nicht entsprechend. So geraten *Produktivkräfte und Produktionsverhältnisse schließlich in jeder Gesellschaftsordnung mit Privatbesitz an den Produktionsmitteln in einen Widerspruch.* Eine Umgestaltung der Eigentumsverhältnisse wird immer dringender erforderlich. Da die Produktionsbesitzer sich aber aus ihrer Interessenlage gegen eine Änderung der Eigentumsverhältnisse sträuben, ist die Aufhebung des Widerspruchs, die notwendige *Umformung der Gesellschaftsordnung* schließlich nur *revolutionär* durchzusetzen.

c) Die menschliche *Geschichte*, die Abfolge der Gesellschaftsordnungen, ist der *Selbstbefreiungsprozeß der Menschen.*
(Erläuternd: In der Sklavenhaltergesellschaft besteht volles Privateigentum an Mensch und Produktionsmitteln.[41]
Im Feudalismus besteht nur noch bedingtes Privateigentum am Menschen, volles an Produktionsmitteln.
Im Kapitalismus ist der Mensch rechtlich frei, jedoch noch abhängig durch das noch bestehende Privateigentum an den Produktionsmitteln.
Im Sozialismus – Kommunismus entfällt auch diese letzte Abhängigkeit durch die Vergesellschaftung der Produktionsmittel. Der Mensch ist frei.)[42]

d) Die fortschreitende Technik der Produktionsmittel führt dazu, daß sich der gesellschaftliche Charakter der Arbeit ständig erweitert. Dieser Entwicklung kann *schließlich nur die kommunistische Gesellschaftsordnung* gerecht werden.

	Produktivkräfte	Produktions-verhältnisse	Hauptklassen	
Urgesellschaft	Steinerne Werkzeuge, Bogen, Pfeil Jagd, Fischerei	Gemeineigentum an Produktionsmitteln	Keine Klassen	Vorgeschichtliche Zeit
Sklavenhaltergesellschaft	Metallwerkzeuge, Viehzucht, Ackerbau, Handwerk	Privateigentum an Produktionsmitteln und an Menschen	Sklavenhalter und Sklaven	Schriftlich überlieferte Geschichtszeit der Klassenkämpfe
Feudalismus	Verbesserte Eisengewinnung, eiserner Pflug, Webstuhl weitere Entwicklung von Ackerbau und Handwerk	Privateigentum an Produktionsmitteln, beschränktes Privateigentum an Menschen	Feudalherren und Leibeigene	
Kapitalismus	Große, mit Maschinen ausgerüstete Fabriken	Privateigentum an Produktionsmitteln	Kapitalisten und Proletarier	
Sozialismus	Wissenschaftlich-technische Revolution, Automation, Mechanisierung der Landwirtschaft	Zwei Formen des gesellschaftlichen Eigentums an Produktionsmitteln: Staatseigentum, genossenschaftliches (Gruppen-) Eigentum	Zwei befreundete Klassen: Arbeiter und Bauern	Etappen in der Geschichte der befreiten Gesellschaft: 1. Übergang vom Kapitalismus zum Sozialismus: Diktatur des Proletariats 2. entwickelte sozialistische Gesellschaft
Kommunismus	Materiell-technische Basis des Kommunismus, Aufhebung des Gegensatzes von geistiger und körperlicher Arbeit sowie von industrieller und landwirtschaftlicher Produktion	Gesamtgesellschaftliches Eigentum an Produktionsmitteln	Keine Klassen, „freie Assoziation der Produzenten"	3. Aufbau des Kommunismus 4. Verwirklichung der kommunistischen Gesellschaft

e) Da die Entwicklung der Produktionsweise unaufhaltsam ist, ist die ihr entsprechende Entwicklung der Gesellschaftsordnungen ebenfalls unaufhaltsam. Der historische Prozeß ist damit bestimmt, determiniert.

f) Die menschliche *Geschichte führt* somit *notwendig zum Kommunismus.*

g) Die *Geschichte* ist also *Gesetz*. Der *Mensch ist* der *Exekutor*, der Vollzieher des geschichtlichen Entwicklungsgesetzes.[43]
(Erläuternd: Die Richtung, die Tendenz der geschichtlichen Entwicklung liegt fest, aber nicht der historische Ablauf im einzelnen. Er läßt ebenso eine Beschleunigung wie auch Rückschläge [Konterrevolutionen] zu, die weitgehend vom konkreten Verhalten der Menschen bestimmt sind. Man kann dies in fol-

gendem Bild verdeutlichen: Wenn man auf einer Rolltreppe von der Ebene des Kapitalismus auf die höhere Ebene des Kommunismus geführt wird, so kann man durch zusätzliches eigenes Aufwärtssteigen die Ankunft am Ziel beschleunigen, durch den Versuch, hinabzusteigen, die Ankunft verlangsamen, doch ist die Bewegung der Rolltreppe nicht umkehrbar.)

POLITISCHE ÖKONOMIE DES KAPITALISMUS

Die Gesetzmäßigkeit der gesellschaftlichen Entwicklung

Ähnlich wie Isaac Newton (1666) die Gravitationsgesetze, wie Charles Darwin (1859) die Gesetze zur Entwicklung der Arten der Lebewesen bestimmen konnten, nehmen Karl Marx und Friedrich Engels in Anspruch, die Gesetzmäßigkeit der historischen Entwicklung enthüllt zu haben. Sie sahen die Geschichte nicht als eine zufällig entstandene Ereignisfolge, sie erkannten in der Abfolge der Gesellschaftsordnungen einen gesetzmäßigen Prozeß[44], eine Art „Naturgeschichte der Menschen".
Sie entdeckten in der von den Menschen selbst betriebenen ständigen Weiterentwicklung der Produktivkräfte die motorische Kraft für die Veränderungen der menschlichen Gesellschaftsordnungen. Der stetige Fortschritt in der Produktionsweise ist der ursächliche Antrieb des menschlichen Geschichtsverlaufs. So wie bisher die technische Vervollkommnung der Produktionsweise der materiellen Lebensgüter der Menschen aus der Sklavenhalterordnung den Feudalismus und aus ihm den Kapitalismus hervorgehen ließ, so wird die weitere Entwicklung zwangsläufig im Kommunismus münden. Die von der kapitalistischen Produktionsweise bedingten Folgen wirken auf diesen Umschlag hin. Die kapitalistische Industrie – so meint Karl Marx – produziert also ihre eigenen Totengräber.

Das Mehrwertgesetz

Das den Kapitalismus kennzeichnende Merkmal ist die Lohnarbeit. Die Menschen, die keine Produktionsmittel besitzen, müssen, um sich ihren Lebensunterhalt zu verdienen, ihre Arbeitskraft an einen Produktionsmittelbesitzer als Ware verkaufen. Die Produktion von Waren geht demnach im Kapitalismus folgendermaßen vor sich: Ein Kapitalist stellt in seinem Betrieb aus dem Angebot von Arbeitskräften einen Arbeiter ein. Dieser Arbeiter erhält für eine bestimmte Arbeitszeit einen Lohn von z. B. 5,– DM. Er fertigt in dieser Zeit ein Werkstück. Der Kapitalist bringt dieses Werkstück auf den Markt und verlangt dafür z. B. einen Preis von 10,– DM. Der Unterschied zwischen dem gezahlten Lohn von 5,– DM und dem Verkaufspreis von 10,– DM geht in die Tasche des Kapitalisten. Er bezahlt davon z. B. 4,– DM für die zur Produktion nötigen Maschinen, Rohstoffe, Betriebsmittel usw. Entscheidend bleibt der Rest, 1,– DM, sein Gewinn oder Profit. Der Arbeiter erhält demnach nicht den vollen geldlichen Gegenwert für den Wert seiner Arbeit. Seine Arbeitskraft wird vielmehr von den Kapitalisten ausgebeutet. Sie eignen sich ständig den vom Arbeiter erzeugten Mehrwert unentgeltlich an.[45] Sie sind bestrebt, den Mehrwert ständig zu vergrößern.

Akkumulation des Kapitals und Verelendung

Der private Besitz von Produktionsmitteln ermöglicht es also, eine Arbeitskraft zu einem bestimmten Preis zu kaufen und ihre Arbeitsleistung zu einem höheren Preis zu verkaufen. Dies führt zu einem immer größeren Reichtum der Kapitalisten. Um noch höhere Profite zu erzielen, investieren die Kapitalisten zur Produktionsausweitung ihre Gewinne zum Teil wieder in ihren Betrieben. Um in der Konkurrenz zu bestehen, erwerben sie moderne Maschinen, die, ohne entsprechende Mehrausgaben für Arbeitslöhne, mehr Waren herstellen. Während also der Reichtum einerseits bei den Kapitalisten erheblich wächst, verbleiben andererseits die Lohnarbeiter auf einem Lebensstandard in der Nähe des Existenzminimums. Die immer größeren Vermögensunterschiede schaffen den Tatbestand einer relativen Verelendung der arbeitenden Schichten. In Krisen, bei größerer Arbeitslosigkeit, bei einem Überangebot von Arbeitskräften und entsprechend niedrigen Löhnen ergibt sich sogar ein direktes Absinken ihres Lebensstandards, eine absolute Verelendung.[46]
Die einseitige Akkumulation des Kapitals läßt zwangsläufig die Spannungen zwischen Kapitalisten und Proletariern wachsen.[47] Das Entsprechende gilt heute für das Verhältnis von Kolonialmächten und Kolonialvölkern, von Industrie- und Entwicklungsländern.[48]

Zentralisation des Kapitals und Verproletarisierung

Die Akkumulation des Kapitals ermöglicht es den privaten Produktionsmittelbesitzern, ihre Betriebe auszuweiten, die Produktion zu modernisieren, leistungsfähigere Maschinen anzuschaffen usw. Das Gesetz des freien Marktes, die Konkurrenz, führt dann dazu, daß sich der Betrieb mit der leistungsfähigsten Produktionstechnik erfolgreich durchsetzt. Das Unternehmen, das mehr, besser, schneller und billiger produziert als andere, erobert den Markt. Die schwächeren, kleineren Betriebe können sich am Ende in der Konkurrenz nicht mehr behaupten, wie z. B. viele Handwerksbetriebe gegenüber der Industrie. Sie machen Konkurs oder werden von den größeren Unternehmen übernommen. Auf diese Weise drängt sich der Besitz an Produktionsmitteln in immer weniger Händen zusammen. Die Konzerne, Trusts usw. werden immer größer.[49] Der größere Kapitalist schluckt den kleineren – eine Entwicklung, die schließlich zur Bildung von Monopolbetrieben führt. Auf der anderen Seite geraten hierbei immer mehr bisher selbständige, kleinere Betriebsinhaber in abhängige Arbeitsverhältnisse. Damit führt dieser Prozeß der Zentralisation der Produktionsbetriebe gleichzeitig zu einem ständigen Anwachsen der Klasse des Proletariats, einer immer weiteren Verproletarisierung.[50]

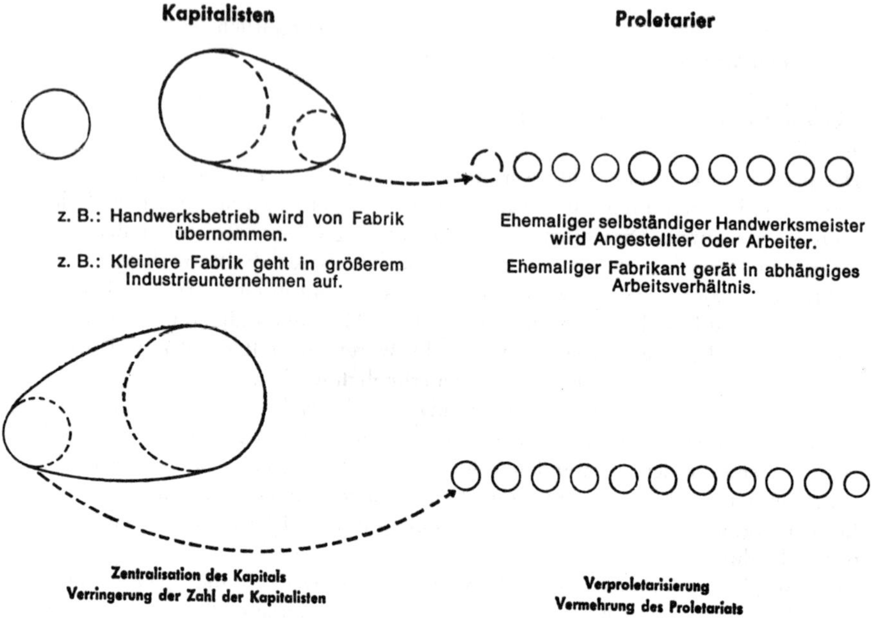

Überproduktion und Wirtschaftskrisen

Der durch Ausbeutung erzielte Profit der Kapitalisten, seine Investition zur Erweiterung der Betriebe hat ein enormes Wachstum der Produktionsmöglichkeiten zur Folge. Da der gezahlte Lohn, die Kaufkraft der Massen, nicht in gleichem Maße wächst, entstehen Überproduktionskrisen (oder Unterkonsumtionskrisen).[51] Sie verlaufen zyklisch: Auf dem Markt herrscht Nachfrage. Darauf werden die Produktionsstätten erweitert, Arbeitskräfte angestellt. Die Löhne steigen. Dies ist die Phase des Aufschwungs.

Dann läßt die Nachfrage nach. Der Markt ist gesättigt. Die Lage wird zunehmend mehr durch ein Überangebot an Waren gekennzeichnet. Die Krise ist da. Der Widerspruch zwischen den gewachsenen Produktionskapazitäten und der nicht nachgekommenen Konsumkraft tritt offen zutage. Die Kapitalisten sind zu Preissenkungen gezwungen, zur Einschränkung der Produktion. Arbeiter werden entlassen, die Löhne sinken.

Der Krise folgt die Depression. Der Markt ist wenig belebt, die Waren werden zu herabgesetzten Preisen angeboten. Die Kapitalisten versuchen durch Rationalisierung, durch größere Ausnutzung der Arbeitskräfte die Stagnation zu überwinden. Die maschinelle Neuausrüstung der Betriebe gibt den Anstoß zur erneuten Belebung. Bis zur nächsten Krise.[52]

Imperialismus

In der Konkurrenz des freien Marktes, so war dargestellt, setzt sich jeweils in jedem Produktionsbereich das leistungsstärkere Unternehmen durch, übernimmt den Marktanteil schwächerer Betriebe, schluckt sie schließlich. Dieser Prozeß der Zentralisation der Produktionsmittel führt letztlich dazu, daß der Markt von einem Großbetrieb, von einem Monopol erobert ist und beherrscht wird. Der Kapitalismus ist in seine monopolistische Phase eingetreten. (Der Monopolkapitalismus, der Marx in der modernen Form noch nicht bekannt war, ist von Lenin in seiner Imperialismus-Theorie dargestellt. Danach ist der Imperialismus das höchste und letzte Stadium des Kapitalismus.) In diesem Entwicklungsstadium verschmelzen Bankkapital und Industriekapital zum Finanzkapital, durchdringen dessen wirtschaftliche Interessen die staatlichen Machtapparaturen. Es bilden sich große nationale und auch internationale Monopolistenverbände, die den Weltmarkt unter sich aufteilen.

Dem monopolistischen Kapitalismus fehlt die innere nationale Konkurrenz. Damit wird der Anreiz, im Inland Investitionen vorzunehmen, geringer. Hingegen wächst das Interesse am Export, besonders von Kapital. Die Kapitalisten versuchen, neue, fremde Märkte zu erobern. Die wirtschaftlichen Interessen können dabei letztlich nur mit staatlicher Machtunterstützung verfochten werden. Das Zeitalter der Kolonialpolitik beginnt. Auf diese Weise wird aus einer expansiven Wirtschaftspolitik eine aggressive Außenpolitik.

In dieser Entwicklungsphase, im Imperialismus, entstehen neue unlösbare Widersprüche. Im Kampf um neue Rohstoffquellen und Absatzmärkte geraten die kapitalistischen Mächte untereinander in eine sich verschärfende Konkurrenz. Zum andern entwickelt sich der Konflikt zwischen den kapitalistischen Staaten, die an der Erhaltung ihres Kolonialbesitzes interessiert sind, und den Kolonialländern, die ihre nationale Unabhängigkeit erstreben. Die den zu staatlicher Selbständigkeit gelangten Völkern gewährte Entwicklungshilfe bringt oft neue finanzielle, wirtschaftliche oder technologische, damit politische Abhängigkeit, ist Neokolonialismus. Zwischen den imperialistischen Staaten erscheinen Kriege unvermeidlich.[53] Schließlich muß heute auch damit gerechnet werden, daß die kapitalistischen Staaten – unter Umständen gemeinsam – den Versuch machen, aus der zu engen Burg ihres eigenen Marktes in das Territorium des bestehenden „sozialistischen Lagers“ auszubrechen. Gegen diese Gefahr muß die Sowjetmacht zur Abwehr gerüstet sein. Der Abbau der staatlichen Machtapparatur mit Armee und Polizei muß deshalb vorerst zurückgestellt werden. Sie muß vielmehr maximal verstärkt werden.[54]

Durch die wachsende Kraft der Sowjetunion und ihrer Verbündeten (auch der Weltfriedensbewegung) kann jedoch – wie Chruschtschow 1956 erklärte – der Ausbruch eines Krieges verhindert werden. Es herrscht ein Gleichgewicht der Kräfte zwischen den Lagern unterschiedlicher Gesellschaftsordnung. Koexistenz ist möglich. Sie sichert den militärischen Frieden. Sie gilt nicht für den wirtschaftlichen, politischen und ideologischen Bereich. Hier verschärft sich der Kampf der beiden Weltsysteme unerbittlich. Koexistenz erweist sich als eine neue Form des internationalen Klassenkampfes.[55]

Die Revolution

Je weiter der Kapitalismus ausreift, desto schärfer und unversöhnlicher müssen sich zwangsläufig seine inneren Widersprüche zuspitzen. Gegen die wachsenden Schwierigkeiten, gegen den steigenden Druck des Klassenkampfes, bilden sich faschistische Diktaturen (Mussolini, Hitler), die offen antidemokratisch auftreten und die politisch fortschrittlichen Kräften rücksichtslos unterdrücken. Doch auch diese reaktionären Bewegungen können auf die Dauer nicht die revolutionäre Umgestaltung aufhalten.[56]
Die aufgezeigten Entwicklungsgesetzlichkeiten wirken weiter und machen schließlich die Unhaltbarkeit der Zustände immer offenkundiger. Akkumulation und Zentralisation auf der einen Seite, Verproletarisierung und Verelendung auf der anderen, zunehmend schärfere Gegensätze zwischen den herrschenden Schichten und den zu ihrer wirtschaftlichen und politischen Gleichberechtigung aktiv werdenden Massen, gesteigerte internationale Spannungen, der Zusammenbruch des Kolonialsystems und die Stärkung des kommunistischen Lagers schaffen schließlich die allgemeine Krise des kapitalistischen Systems, die revolutionäre Situation.
Die revolutionäre Überwindung der Klassengesellschaft kann jedoch nicht nur als Folge der – von Marx aufgezeigten – ökonomischen Entwicklung im Kapitalismus durch politische Aktionen des industriellen Proletariats stattfinden. Sie kann auch – wie Lenin bewies – schon in vorindustriellen Entwicklungsstadien erfolgen, wenn es den Regierenden durch Krieg oder andere äußere Umstände unmöglich wird, ihre Herrschaft unverändert aufrechtzuerhalten und die Regierten nicht willens sind, die bisherige Herrschaft weiter zu ertragen (Rußland 1917).[57]

Zusammenfassung und Folgerungen

a) Die Aneignung des vom Arbeiter erzeugten Mehrwertes durch den Kapitalisten hat *immer größere Vermögensunterschiede* zur Folge. Die Reichen werden immer reicher, die Armen absolut (tatsächlich) oder relativ (im Vergleich zu den Reichen) immer ärmer.
b) Die *Zentralisation der Betriebe* im Konkurrenzkampf ergibt schließlich *Monopolbetriebe*, gleichzeitig auch eine *Vermehrung des Proletariats.*
c) Aus a) und b) folgt eine *Polarisierung der Gesellschaft.*[58] Der Grundwiderspruch des Kapitalismus zwischen dem gesellschaftlichen Charakter der Arbeit und der privatkapitalistischen Aneignung verschärft sich immer mehr.[59]
d) Da die Produktion schneller wächst als die für sie gezahlte Lohnsumme, treten *Überproduktions- oder Unterkonsumtionskrisen auf.*
e) Unter dem Druck der Überproduktion wird der *Kapitalismus expansiv* und *imperialistisch.* Ein kapitalistischer Staat ist deshalb Keim des Unfriedens, Ursache kriegerischer Konflikte.[60]
f) Die *kapitalistische Produktionsweise führt* zwangsläufig zu wachsenden sozialen Spannungen, sich steigernden wirtschaftlichen Krisen, schließlich *zur Revolution.*[61]

AUFGABE UND ORGANISATION DES PROLETARIATS

Die Situation des Proletariats

Auf diese revolutionäre Situation und die sich aus ihr ergebende politisch-geschichtliche Aufgabe haben sich die arbeitenden Massen vorzubereiten.[62]
Marx und Engels weisen die Proletarier darauf hin. Sie sollen sich nicht von der bürgerlichen, der falschen Ideologie beeinflussen und korrumpieren lassen. Die Proletarier müssen sich vielmehr von ihr frei machen und sich ihrer tatsächlichen Lage bewußt werden.[63] Dieser Aufruf zur geistigen Emanzipation des Proletariats macht die Arbeiterbewegung gleichzeitig auch zu einer Lernbewegung.
Um der historischen Aufgabe politisch gerecht zu werden, soll das Proletariat jede Möglichkeit des Umsturzes des kapitalistischen Systems ergreifen. Dazu muß aber der Macht des sich akkumulierenden und zentralisierenden Kapitals die geballte Macht des politisch organisierten Proletariats entgegengesetzt werden. Schon das Kommunistische Manifest endet so folgerichtig in dem Appell: Proletarier aller Länder, vereinigt euch!

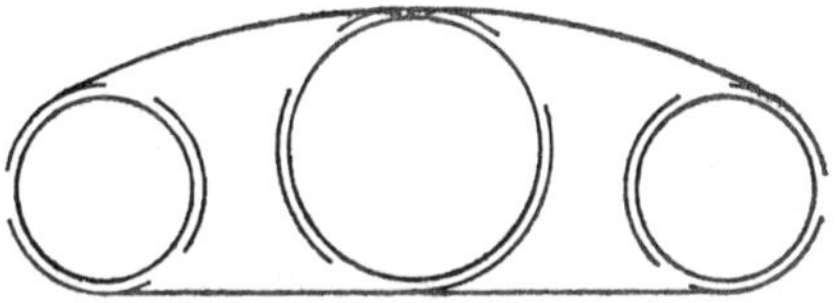

Das Kapital
akkumuliert und zentralisiert sich

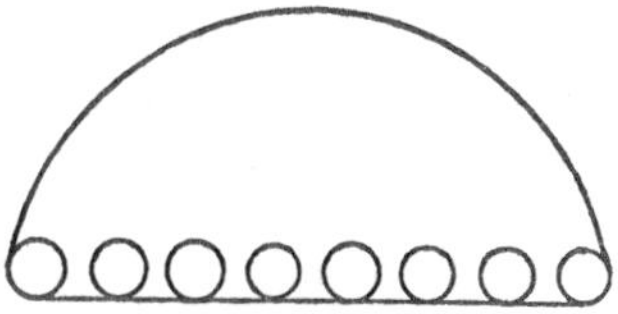

Das Proletariat
vereinigt sich politisch-organisatorisch

Marx erwartete den Ausbruch der proletarischen Revolution wenigstens in der Mehrzahl der hochentwickelten Industrieländer gleichzeitig.[64] Lenin dagegen, der in dem industriell und sozial rückständigen Rußland auf die Revolution hinwirkte, sah später auch und gerade die Chance zur Revolution, die in der Rückständigkeit Rußlands lag. Er stellte fest, daß der Kapitalismus nach Eintritt in sein höchstes und letztes Stadium, den Imperialismus, im Weltmaßstab revolutionsreif geworden sei. Die Kette der imperialistischen Länder müsse nun in ihrem schwächsten Glied – und das war Rußland – brechen. Die Revolution könne in Rußland beginnen, ihr endgültiger Sieg jedoch sei nur dann sicher, wenn sie das Signal zur Erhebung des Proletariats in den großen Industrieländern, voran Deutschland, gäbe, wenn sie nicht isoliert bliebe, sondern sich zur Weltrevolution ausweite.[65]
Dementsprechend arbeitete Lenin die politische Strategie und Taktik des proletarischen Kampfes aus und schuf die für die Machtergreifung notwendige politische Organisation, die bolschewistische Partei als „Partei neuen Typs".

Die Partei

Lenin stellte fest, daß die bestehenden Organisationen der Arbeiterbewegung im allgemeinen nur gewerkschaftlicher Natur[66] und zu wenig gesamtpolitisch orientiert seien. Die meisten Arbeiterführer suchten die Lage des Proletariats durch opportunistische Kompromisse mit den Kapitalisten zu bessern, statt auf eine revolutionäre Änderung des Systems hinzuwirken. Sie kämpften also nicht um den Sturz des Kapitalismus, sondern nur um diese oder jene Reform zur unmittelbaren Verbesserung der Lebens- und Arbeitsbedingungen. Dieser Reformismus aber stärke nur den Kapitalismus und verlängere seine Herrschaft.[67]

Das Proletariat selbst lasse sich weitgehend von der herrschenden bürgerlichen Ideologie beeinflussen und korrumpieren. Es habe für seine eigentliche politische Aufgabe weder die nötige wissenschaftliche Bildung noch die politische Erfahrung. Es sei gefangen in der Sorge um das tägliche Brot und deshalb geistig nicht frei für die Bewältigung der geschichtlichen Aufgabe. Die Arbeiterschaft entwickele also nicht aus sich heraus den nötigen sozialistisch-revolutionären Geist.

Mit anderen Worten: Das richtige politisch-historische Bewußtsein muß von außen in die Arbeiterschaft hineingetragen werden.[68] Das Proletariat braucht – um seine geschichtliche Mission nicht zu verfehlen – eine Führung, die wissenschaftlich gebildet, politisch erfahren, wirtschaftlich unabhängig und sich der Notwendigkeit der Revolution bewußt ist. Eine solche politische Führung, bestehend aus Intellektuellen und besonders fortschrittlichen Arbeitern, muß dann aber auch in die Lage versetzt werden, ihre Einsichten in eine entsprechende Bewußtseinbildung der Massen, ihre Beschlüsse in entsprechende politische Aktionen des Proletariats umzumünzen. Es bedarf deshalb einer Partei, die hierarchisch-autoritär aufgebaut, die nach dem Prinzip des „demokratischen Zentralismus" organisiert ist.[69]

In der Partei Lenins herrscht deshalb eine militärähnliche Disziplin. Sie verlangt, daß alle Anordnungen von oben nach unten verbindlich sind, bedingungslos befolgt werden müssen. Fraktionsbildung innerhalb der Partei, Opposition gegen die Parteiführung sind verboten. Ihre Führungskader bestehen aus Berufsrevolutionären. Sie verzichtet auf eine Mitgliedschaft der Mehrheit des Proletariats, sie gründet sich bewußt auf eine entschlossene, elitäre Minderheit.[70] Sie wirkt als „Avantgarde" der sozialistischen Bewegung, als „Vorhut" des Proletariats. Ihr Wille wird über die „Transmissionsriemen" der von ihr dirigierten Massenorganisationen übersetzt.[71]

Lenin kam zu dem Schluß: Die Revolution kann nicht von unten, sie muß von oben gemacht werden.

(Erläuterung: Lenins Parteitheorie ist das umstrittenste Element seiner Lehren innerhalb der kommunistischen Bewegung selbst gewesen. Als Lenin seine hier dargelegte Position in seiner Schrift „Was tun?" [1902] formulierte, war dies ein wesentlicher Grund für die im folgenden Jahr vollzogene Spaltung der russischen Sozialisten in Bolschewiki [Lenin und seine Anhänger] und Menschewiki. Besonders Rosa Luxemburg und Leo Trotzki übten scharfe Kritik an Lenin. [Vgl. dazu S. 112 und 113 unten.]

Lenin verteidigte seine Position mit dem Hinweis, daß die sozialistische Bewegung in Rußland unter den Bedingungen der Illegalität und geheimpolizeilicher Überwachung geformt werden mußte. Er anerkannte durchaus die demokratische Organisation der deutschen Sozialdemokratie, erklärte diese aber in Rußland für unmöglich. Nach dem Sieg der Oktoberrevolution wurde – trotz Fortfalls der ur-

sprünglichen Voraussetzungen – die im revolutionären Kampf gebildete hierarchische Struktur aber nicht aufgehoben, sondern – nach Lenins Tod – unter Stalin immer mehr verstärkt.)

Die Diktatur des Proletariats

Hat das Proletariat die Macht ergriffen, so zerschlägt es die bürgerliche Staatsmaschine und errichtet seine eigene Klassenherrschaft: die Diktatur des Proletariats.[72] Wie jeder Staat, ist auch die Diktatur des Proletariats ein Unterdrückungsinstrument in den Händen einer herrschenden Klasse gegen eine beherrschte Klasse.[73] Von allen vorangegangenen Staaten unterscheidet sie sich aber durch zwei wesentliche Merkmale:
1. Die Diktatur des Proletariats unterdrückt nur eine kleine Minderheit, nämlich die bisherigen Ausbeuter. Sie vertritt die Interessen der ungeheuren Mehrheit, des Proletariats und aller Werktätigen. Während alle bisherigen Staaten die Diktatur einer Minderheit über eine Mehrheit waren, ist der proletarische Staat – erstmals in der Geschichte – die Herrschaft der ungeheuren Mehrheit über eine verschwindend kleine Minderheit und damit gleichzeitig eine höhere Form der Demokratie.[74] Die kommunistische Partei, die die Diktatur des Proletariats im Interesse aller Werktätigen ausübt, ist in Wirklichkeit die „Partei des Volkes".
2. Die Diktatur des Proletariats besteht nicht für alle Ewigkeit, sondern nur für eine – in ihrer Dauer von den Verhältnissen bestimmte – Übergangszeit. Sie hat die Aufgabe, das Privateigentum an den Produktionsmitteln aufzuheben, den Widerstand der früher herrschenden Klasse niederzuhalten, die Produktionsmittel zu vergesellschaften und damit die Grundsteine für die Zukunftsgesellschaft des Sozialismus-Kommunismus zu legen. Sobald die Ausbeuter „als Klasse liquidiert" sind, sobald es also keine feindlichen Klassen mehr gibt und Unterdrückung nicht mehr notwendig ist, werden die Diktatur des Proletariats und, sofern auch keine äußere Bedrohung durch imperialistische Mächte mehr besteht, mit ihr auch der Staat überhaupt absterben.[75] Es wird keine Herrschaft von Menschen über Menschen mehr geben, sondern nur noch „Verwaltung von Sachen und Leitung von Produktionsprozessen" (Friedrich Engels).

Zusammenfassung und Folgerungen

a) Das *Proletariat muß sich* für seine geschichtliche Aufgabe *organisieren.*
b) Die nötige *Aktionseinheit* der Arbeiterklasse *zu sichern, ist Aufgabe der Partei.*
c) Da das Proletariat in seiner Lage nicht das für die Bewältigung seiner geschichtlichen Aufgabe erforderliche politische Bewußtsein aus sich heraus hervorbringen kann, muß die *Partei* die sozialistisch-revolutionäre *Bewußtseinsbildung fördern* und die politische Befreiungsbewegung führen und leiten.
d) Die Partei braucht deshalb strenge *Disziplin* und uneingeschränkte *Führungsbefugnis.* Sie wird *von Intellektuellen geleitet.* Sie muß nach dem Leninschen *Prinzip des demokratischen Zentralismus* aufgebaut sein.
e) Da die von der Kommunistischen Partei angestrebte Gesellschaftsordung die

wirklich menschliche Gesellschaft durch die Aufhebung der Ausbeutung von Menschen durch Menschen schafft, den Frieden durch die Beseitigung des Imperialismus sichert, die wirkliche Demokratie durch die Vergesellschaftung der Produktionsmittel garantiert, ist die *Parteidisziplin,* d. h. die unbedingte *Erfüllung der Parteiaufträge* und die *Befolgung* der proklamierten Grundsätze der Parteiarbeit, *der Parteidirektiven*, verbindliches Prinzip.

f) Diese Pflicht zum Gehorsam der *Partei*, der Parteiführung gegenüber gilt immer, da nur sie – nicht die Arbeiterschaft von sich aus – die richtige Einsicht hat. Die Partei allein weiß, was richtig, was falsch, was gut, was schlecht ist. Sie ist das *Gewissen* des einzelnen.[76]

Materialistische Dialektik

Zum Begriff „Dialektik"

Das Wort Dialektik stammt aus der griechischen Sprache. Es bedeutet zunächst soviel wie Gesprächskunst, Unterredungstechnik[77] und wird vor allem in den philosophischen Dialogen Platons vorgestellt. Um seine Bedeutung zu erläutern, sei hier ein willkürlich konstruiertes Beispiel eines dialektisch verlaufenden Gesprächs vorangestellt.

Ein Mensch sieht, undeutlich in einiger Entfernung, eine Gestalt, eine Figur. Aufgrund seines Eindruckes kommt er zu der Aussage: „Das ist ein Mann!" Er stellt damit eine Behauptung, einen Satz, griechisch: eine These (Th) auf. Sie wird von einem anderen gehört, der seinerseits das als Mann bezeichnete Objekt ins Auge faßt, dann aber meint, es sei kein Mann, sondern: „Das ist eine Frau!" Er hat damit dem ersten Satz, der These, einen Gegensatz, griechisch: eine Antithese (ATh) gegenübergestellt. Die beiden Behauptungen widersprechen sich. Es ist in These und Antithese ein Gegensatz entstanden. Die Gesprächführenden versuchen, ihn zu überwinden, aus ihm heraus zu einer gemeinsamen Meinung zu kommen. Sie finden die gesuchte Gemeinsamkeit in einer Aussage, die These und Antithese vereinigt, (in dem Zusammensatz oder:) in der Synthese (S): „Das ist ein Mensch!"

Dieser Dreischritt ist das Grundmodell der Dialektik: Jede These trägt in sich selbst zugleich ihren eigenen Widerspruch, fordert sogleich ihre eigene Antithese heraus. Der Widerspruch drängt sodann zur Auflösung in einer Synthese. In der Synthese wird dabei das Vorhergehende in einem dreifachen Sinne aufgehoben: erstens aufgehoben im Sinne von verneint, zweitens aufgehoben im Sinne von bewahrt und drittens aufgehoben im Sinne von heraufgehoben, auf eine höhere Ebene gebracht.[78] So verneint ja auch die Aussage: „Das ist ein Mensch!" die spezifischeren, ihr vorangehenden Bezeichnungen „Mann" und „Frau", bewahrt in sich jedoch beide Möglichkeiten auf und vereinigt sie schließlich in einem umfassenderen, höher abstrahierten Begriff. Die Synthese wird nun aber ihrerseits wieder zur These, zum Ausgang eines neuen Widerspruchs. Ein Dritter, so kann angenommen werden, tritt hinzu. Er hat nur die Aussage: „Das ist ein Mensch“ vernommen. Er ist aber der Meinung, daß die umstrittene Gestalt ein Affe sei. Damit ist ein neuer Gegensatz entstanden. Die vorherige Synthese hat als These eine neue Antithese hervorgerufen. Eine neue Synthese würde dann in der Aussage gefunden werden können, daß es sich um ein Lebewesen der Primaten-Klasse handelt. Auch diese Synthese könnte wieder als These wirksam werden, und der Dreischritt begänne von neuem.

I.

These bringt Antithese hervor

II.

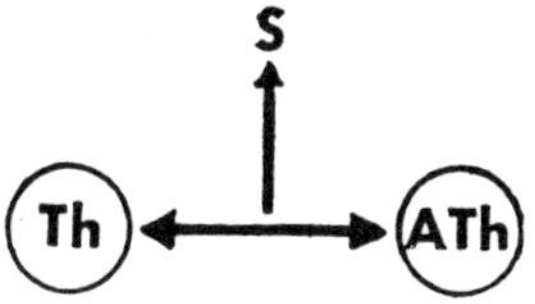

Aus Gegensatz erwächst Synthese

III.

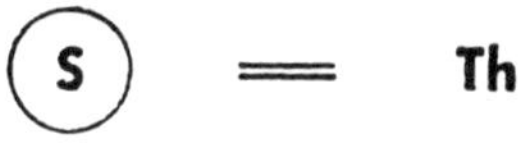

Synthese wirkt als neue These

In unserem Beispiel dient die Dialektik als ein Erkenntnisinstrument, als Methode. Der Gegensatz liegt nicht in der Sache selbst, über die geurteilt wird, sondern ergibt sich aus dem unterschiedlichen Wahrnehmungsvermögen der Menschen, die sich um die Erkenntnis der Sache bemühen. Dialektik kennzeichnet hier also einen Weg des Erkennens, einen Erkenntnisprozeß, in dem durch die Berücksichtigung aller Möglichkeiten Irrtümer vermieden werden sollen.

Ein zweites Beispiel soll die Anwendung der dialektischen Betrachtungsweise noch verdeutlichen: Zwei Freunde unterhalten sich über einen Bekannten, der sich ein Haus gebaut hat, in das beide kürzlich eingeladen waren. Der eine sagt: „Das Haus ist groß.“ Der andere stellt fest: „Das Haus ist klein.“ Die beiden Aussagen sind entgegengesetzt, sie verhalten sich wie eine Behauptung und ihre Verneinung, wie These und Antithese. Nach kurzer Diskussion finden unsere beiden Gesprächspartner den Grund ihrer Meinungsverschiedenheit: sie haben verschiedene Maßstäbe benutzt, das Haus in unterschiedlichen Zusammenhängen betrachtet. Der eine vergleicht das Haus mit seiner eigenen, erheblich kleineren Wohnung, der andere mit der doppelt so großen Villa, die er selbst bewohnt. Will man das Haus, von dem die Rede ist, gleichzeitig unter diesen verschiedenen Gesichtspunkten erfassen, so müßte man es groß und klein zugleich nennen. Anhand des konstruierten Modellfalls wird deutlich, daß derjenige, der nur die erste Behauptung, die These, beachtet und die mögliche Antithese unberücksichtigt läßt, Gefahr läuft, einseitig zu urteilen.

Die Erscheinungen dieser Welt dürfen also nach der Forderung der dialektischen Methode generell nicht für sich, einzeln, isoliert, sondern müssen im Zusammenhang gesehen werden. Nur vom Zusammenhang her, in dem sie stehen, erhalten sie ihren Wert, ihre richtige Bedeutung. Die Erscheinungen bedingen sich gegenseitig

und müssen deshalb auch in dieser Verbindung beurteilt werden. Wenn nun aber der Zusammenhang das Entscheidende und Bestimmende für die Beurteilung der einzelnen Dinge ist, kann ein und dasselbe Ding, wenn es in verschiedenen Zusammenhängen steht, obwohl es ein und dasselbe Ding ist, dennoch in jeweils anderen Zusammenhängen völlig verschieden beurteilt werden.
In der bisher geschilderten Form benutzt jeder Mensch gelegentlich die dialektische Methode, nicht nur der Kommunist, so daß darin noch nicht die Besonderheit der materialistischen Dialektik, wie sie im Marxismus-Leninismus gedeutet wird, liegen kann.

Zur Geschichte der materialistischen Dialektik

Im Marxismus-Leninismus wird Dialektik nicht nur als eine Methode der Wahrheitsfindung verstanden, sondern als eine Theorie, die den gesetzmäßigen Entwicklungsprozeß aufdeckt, der der Wirklichkeit selbst innewohnt. Sie ist damit die „Wissenschaft des Gesamtzusammenhangs" oder – wie Lenin formuliert – die „lebendige Seele" der kommunistischen Weltanschauung.
Diese Verallgemeinerung der dialektischen Erkenntnismethode zu einer universellen Theorie der allgemeinen Entwicklungsgesetze der Realität wird entwicklungsgeschichtlich über die Philosophie Georg Wilhelm Friedrich Hegels vermittelt. Hegel deutet die gesamte Menschheitsgeschichte als einen allumfassenden dialektischen Prozeß, in dem sich die Selbstverwirklichung einer absoluten Idee, des „Weltgeistes", vollzieht, der sich in der Welt vergegenständlicht hat. Der Mensch erfährt daher in der Geschichte die Verwirklichung des Weltgeistes, die er selbst als „Fortschritt im Bewußtsein der Freiheit" erfaßt. Hegels Geschichtsdeutung, die den historischen Ablauf als gesetzmäßigen Prozeß erklärt, in dem der Mensch schließlich seine denkende Selbstverwirklichung erlangt und die universelle Freiheit erreicht, fasziniert schon den jungen Studenten Karl Marx, doch kann er den idealistischen Ausgangspunkt Hegels nicht akzeptieren. Im Anschluß an den deutschen Philosophen Ludwig Feuerbach vollzieht er inhaltlich eine „Umstülpung Hegels", dieser wird – wie Marx selbst sagt – vom Kopf auf die Füße gestellt. Marx übernimmt also nur den Fortschrittsoptimismus der Hegelschen Geschichtsphilosophie und die Form des dialektischen Erklärungsmodells, gleichzeitig ersetzt er Hegels Idealismus durch eine materialistische Welterklärung.
Hegel geht von der Behauptung aus, daß die Idee das Primäre sei, sie erscheint bei ihm als „Demiurg des Wirklichen", als unabdingbare Voraussetzung aller innerweltlichen Entwicklung. Dieser Idealismus Hegels wird durch den Marxschen Materialismus ersetzt. Materialismus bedeutet für Marx „Erklärung der Welt aus sich selbst", die Idee existiert nicht isoliert, unabhängig von der Materie, sondern nur als Resultat des menschlichen Denkens, das seinerseits aus der Entwicklung der Materie entstanden ist, ein Ergebnis (Produkt) der materiellen Natur und ihrer qualitativen Veränderung. Das Denken muß also aus den Bedingungen des materiellen Seins erklärt werden und nicht umgekehrt – wie dies im Idealismus geschieht – das materielle Sein aus dem Denken.
Schon bei Hegel hat sich die Dialektik von der Methode zur Theorie erweitert,

weil sie nicht mehr nur als Erkenntnisinstrument dient (subjektive Dialektik), sondern als Triebkraft und Grundprinzip der geschichtlichen Entwicklung selbst (objektive Dialektik) ausgewiesen wird. Im Marxismus aber erfaßt die Dialektik nicht – wie bei Hegel – die Gesetze der Verwirklichung der absoluten Idee, des Weltgeistes, sondern die Gesetze der materiellen Wirklichkeit ebenso wie die daraus abgeleiteten Gesetze des menschlichen Denkens. Sie wird daher von Friedrich Engels „als die Wissenschaft von den allgemeinen Bewegungs- und Entwicklungsgesetzen der Natur, der Menschengesellschaft und des Denkens“[79] bestimmt.
Die Betrachtungweise der materialistischen Dialektik soll an zwei Beispielen verdeutlicht werden:
1. In der Menschheitsgeschichte herrschte ursprünglich das Gemeineigentum des Sippenverbandes vor. Dieses Gemeineigentum wurde durch das Privateigentum negiert, die ursprüngliche Gleichheit des Sippenverbandes wurde durch die Ungleichheit der Klassengesellschaft aufgehoben. Der Sozialismus-Kommunismus löst diesen Widerspruch der geschichtlichen Entwicklung auf, indem er das gesellschaftliche Eigentum verwirklicht, gleichzeitig die Ungleichheit der Klassengesellschaft überwindet. Die Menschen der kommunistischen Gesellschaft sind aber nicht mehr ohnmächtige, den Naturgewalten ausgelieferte, unwissende und unentwickelte Mitglieder einer rückständigen Sippe, sondern es sind gebildete, die Natur beherrschende, aus Einsicht solidarisch handelnde freie Individuen.
Es ist leicht zu erkennen, daß sich das dargestellte Entwicklungsschema an den Prinzipien der Dialektik orientiert. Daß es sich um materialistische Dialektik handelt, ergibt sich aus dem Umstand, daß die Regelung der Beziehungen zwischen den Menschen in den verschiedenen Perioden der Geschichte aus den jeweiligen materiellen Existenzbedingungen der Gesellschaft abgeleitet wird.
2. Während in dem eben angeführten Beispiel das Verhältnis zwischen der materiellen Natur und den Menschen beschrieben wird, hat Friedrich Engels die Dialektik auch auf solche Entwicklungsvorgänge ausgedehnt, die sich innerhalb der Natur – unabhängig vom Menschen – vollziehen. „Nehmen wir ein Gerstenkorn ... findet solch ein Gerstenkorn die für es normalen Bedingungen vor, fällt es auf günstigen Boden, so geht unter dem Einfluß der Wärme und der Feuchtigkeit eine eigne Veränderung mit ihm vor, es keimt; das Korn vergeht als solches, wird negiert, an seine Stelle tritt die aus ihm entstandene Pflanze, die Negation des Korns. Aber was ist der normale Lebenslauf dieser Pflanze? Sie wächst, blüht, wird befruchtet und produziert schließlich wieder Gerstenkörner, und sobald diese gereift, stirbt der Halm ab, wird seinerseits negiert. Als Resultat dieser Negation der Negation haben wir wieder das anfängliche Gerstenkorn, aber nicht einfach, sondern in zehn-, zwanzig-, dreißigfacher Anzahl.“[80]
Diese universelle Ausweitung der Dialektik auf die gesamte Natur, die den dialektischen Materialismus als marxistische Philosophie begründet hat, ist nicht zuletzt in der Absicht vorgenommen worden, die im historischen Materialismus behauptete Gesetzmäßigkeit und Zwangsläufigkeit der geschichtlichen Entwicklung auf alle Bereiche der Wirklichkeit auszudehnen, um der Marxschen Geschichts- und Gesellschaftstheorie ein umfassendes Beweisfundament zu geben, sie in eine kommunistische Weltanschauung einzufügen. Während Karl Marx sein ursprüngliches Vor-

haben, eine eigene systematische Darstellung der Dialektik zu verfassen, nicht verwirklichen konnte, hat Engels in den siebziger Jahren des vergangenen Jahrhunderts eine Theorie der Dialektik begründet, die bis zur Gegenwart in der Ideologie des Sowjetkommunismus trotz erheblicher Kritik auch von marxistischen Philosophen verbindlich geblieben ist. Ihr Kernstück besteht in der Formulierung von 3 Grundgesetzen der Dialektik, aus denen die wichtigsten Grundsätze der kommunistischen Weltanschauung ebenso abgeleitet werden wie die Grundprinzipien der Strategie und Taktik des revolutionären Kampfes.

GRUNDGESETZE DER MATERIALISTISCHEN DIALEKTIK

Im Anschluß an Friedrich Engels[81] werden im Marxismus-Leninismus drei Grundgesetze der materialistischen Dialektik genannt:
a) Das Gesetz des Umschlagens quantitativer Veränderungen in qualitative und umgekehrt;
b) das Gesetz der Einheit und des Kampfes der Gegensätze;
c) das Gesetz der Negation der Negation.

Das Gesetz des Umschlagens quantitativer Veränderungen in qualitative und umgekehrt

Hierfür zunächst ein neuer Modellfall: Ein Block Eis, gefrorenes Wasser bei einer Temperatur von $-20°$. Nun wird die Temperatur gesteigert auf $-19°$, $-18°$, $-17°$. Das Eis bleibt Eis. Äußerlich ändert sich nichts. Eine Änderung tritt erst ein, wenn die Erwärmung die 0°-Grenze erreicht. In diesem Augenblick wird aus dem Eis Wasser. Wird jetzt die Temperatur des Wassers gesteigert, so bleibt das Wasser zunächst wiederum Wasser. Die äußere Ordnung bleibt dieselbe, obwohl durch die erhöhte Wärme im einzelnen Wassermolekül auch eine erhöhte innere Spannung eintritt. Diese Spannung wird mit dem Augenblick, in dem nun wieder eine kritische Grenze – die 100°-Grenze nämlich – erreicht wird, so groß, daß der Aggregatzustand Wasser in den des Dampfes umschlägt.
In dem gewählten Beispiel – Eis Wasser Dampf – wird der Umschlag von einem Aggregatzustand in den anderen durch den Erwärmungsvorgang herbeigeführt, oder anders ausgedrückt: durch Erhöhung der Wärmemenge, durch Zuführung weiterer Quantitäten Wärme. Diese quantitative Änderung der Wärme ändert allerdings nicht gleich die Ordnung Eis bzw. Wasser. Erst wenn die Erwärmung einen bestimmten Grad, die quantitative Änderung den kritischen Punkt, die 0°- oder 100°-Grenze, erreicht hat, erfolgt der Sprung, der Umschlag in eine andere Ordnung, die qualitative Änderung.
Das gleiche Prinzip ist wiederum auch in allen anderen Bereichen gültig, auch in der gesellschaftlichen Entwicklung, auch im Kapitalismus. So lassen ja ebenso die reinen quantitativen Veränderungen im Kapitalismus, nämlich die Verringerung der Zahl der Kapitalisten und die Vermehrung der Zahl der Proletarier, den Kapitalismus als solchen noch nicht verschwinden. Wenn sich jedoch die quantitativen Änderungen in ihm entsprechend angereichert haben, ist der kritische Spannungs-

zustand, ist die revolutionsreife Situation, die Schwelle zur neuen Gesellschaftsordnung erreicht.

Der Wechsel von einer Ordnung zur anderen geht also nicht langsam, kontinuierlich, sondern plötzlich, sprunghaft vor sich.[82] Durch die Erhöhung innerer Spannungen in der alten Ordnung deutet sich jedoch der spätere Wechsel in die neue an.

Dieses Beispiel hat wiederum allgemeine Bedeutung. Was in einem Bereich gilt, gilt entsprechend auch in anderen. Die sprunghaften Übergänge vom Eis zum Wasser und vom Wasser zum Eis finden im gesellschaftlichen Prozeß eine Entsprechung in den Revolutionen. Sie sind die dialektischen Sprünge in der geschichtlichen Entwicklung, Markierungspunkte, an denen die kritischen Spannungsgrenzen der alten Ordnung deutlich wurden und sie in neue fortschrittliche umzuschlagen begannen. So beendete z. B. die Revolution 1789 in Frankreich das unerträglich gewordene feudalistische Herrschaftssystem und emanzipierte politisch das Bürgertum. So sprengte die Revolution 1917 in Rußland das zaristische Regiment und begründete die neue Gesellschaftsordnung der Arbeiter- und Bauernmacht.

Es ist hier also festzustellen: Die gesellschaftlichen Ordnungen gehen nicht in gleichmäßiger, ruhiger Entwicklung ineinander über, der Wechsel vollzieht sich vielmehr plötzlich, revolutionär.[83]

Allgemein ist zu sagen, daß die fortschrittliche Entwicklung nicht eine stetig ansteigende Linie darstellt, sondern einen stufenartigen Verlauf nimmt.

Zusammenfassung

Quantitative Änderungen schlagen in qualitative Änderungen um. Die Entwicklung verläuft sprunghaft.

Dies bedeutet gleichzeitig politisch: der gesellschaftliche Fortschritt setzt sich revolutionär durch.

Das Gesetz der Einheit und des Kampfes der Gegensätze

Der Widerspruch und seine Aufhebung, der Konflikt und seine Überwindung sind zentrale Themen der marxistisch-leninistischen Geschichts- und Gesellschaftstheorie. Daher ist das Gesetz von der Einheit und dem Kampf der Gegensätze als der eigentliche Schwerpunkt der materialistischen Dialektik anzusehen. Es soll vor allem erklären, daß die Entwicklung von Natur und Gesellschaft nicht durch von außen wirkende Kräfte angestoßen wird, sondern sich durch die Spannungsverhältnisse ergibt, die in den Dingen selbst liegen. Das Gesetz von der Einheit und dem Kampf der Gegensätze begründet den materiellen Entwicklungsprozeß aus einer angenommenen *Selbstbewegung* der Materie.[84] Nur dadurch – so wird festgestellt – kann man allen idealistischen, metaphysischen Versuchen einer Welterklärung, die ein geistiges Schöpfungs- und Bewegungsprinzip behaupten, den weltanschaulichen Todesstoß versetzen.[85]

Im Anschluß an den deutschen Philosophen Hegel hat Friedrich Engels alle Bewegung auf einen inneren Widerspruch zurückgeführt, indem er bemerkt: „Die Bewegung selbst ist ein Widerspruch; sogar schon die einfache mechanische Ortsbewegung kann sich nur dadurch vollziehn, daß ein Körper in ein und demselben Zeitmoment an einem Ort und zugleich an einem andern Ort, an einem und demselben Ort und nicht an ihm ist."[86] Die Erkenntnisse der modernen Naturwissenschaften werden angeführt, um die These zu bestätigen, daß alle Erscheinungen der materiellen Welt von Gegensätzen durchdrungen sind. So wird etwa der positiv geladene Atomkern und die negativ geladene Elektronenhülle ebenso als eine dialektische Einheit von Gegensätzen aufgefaßt wie der Korpuskel-Wellen-Dualismus jedes Elementarteilchens.

Keinem Zweifel unterliegt es freilich, daß die eigentliche Bedeutung dieses Gesetzes in der Erklärung der gesellschaftlichen Entwicklungsprozesse liegt. Danach verläuft die gesamte Menschheitsgeschichte auf der Grundlage der Entstehung und Lösung von Widersprüchen. Der Widerspruch zwischen dem Beharrungsvermögen der bestehenden Produktionsverhältnisse (Eigentumsverhältnisse) und den durch Fortschritt von Wissenschaft und Technik sich verändernden Produktivkräften (neue Technologien), der Klassengegensatz oder der Widerspruch zwischen dem sich ausweitenden gesellschaftlichen Charakter der Arbeit und der Zentralisation des Kapitals in der Entwicklung der kapitalistischen Gesellschaft sind vielzitierte Beispiele für die Bedeutung dieses Gesetzes als Motor der gesellschaftlichen und geschichtlichen Bewegung.

Die Lösung derartiger Widersprüche im historischen Prozeß kann nach der Auffassung der materialistischen Dialektik aber nicht etwa durch einen Ausgleich im Sinne einer Annäherung der Extreme, d. h. durch einen Kompromiß erfolgen, sondern nur dadurch, daß die in einem gesellschaftlichen Entwicklungsstadium enthaltenen Spannungen bis zur kritischen Grenze getrieben werden, an der „explosionsartig" eine Lösung erreicht werden kann. Daraus ergibt sich, daß jeder Kommunist, der die kapitalistische Ordnung stürzen helfen will, die ihr selbst eigenen Spannungen und Widersprüche bis zur Revolutionsreife verschärfen muß. Das Verhältnis von Kapital und Arbeit, der Klassenkampf im Kapitalismus muß dann in seiner Unversöhnlichkeit entlarvt, und die verschiedenen wirtschaftlichen Interessen der einzelnen kapitalistischen Nationalstaaten müssen bis zur internationalen Krise getrieben werden usw. Die grundsätzliche Qualitätsänderung der gesellschaftlichen Ordnung ist also nicht durch den Ausgleich verschiedener Interessen, nicht durch den Abbau von Gegensätzen zu verwirklichen, sondern durch eine äußerste Steigerung der Widersprüche. Wer auftretenden sozialen Differenzen, statt sie zu fördern, entgegenwirkt, stützt und verlängert nur die bestehende Ordnung, hemmt die wirklich fortschrittliche Entwicklung.

(Erläuternd: In einem von Kommunisten geleiteten Streik ist es primär nicht das Ziel der Streikleitung, höhere Löhne, bessere Arbeitsbedingungen, größere soziale Sicherungen, vermehrten wirtschaftspolitischen Einfluß zu erreichen. Das Durchsetzen derartiger Forderungen hätte ja einen Ausgleich, einen Abbau von Gegensätzen zwischen Kapitalisten und Proletariern zur Folge, würde damit Spannungen abschwächen, die – genügend vergrößert – gerade den Hebel abgeben, das kapitalistische System als Ganzes aus den Angeln zu heben. Gewerkschaftliche Forderungen sind deshalb nicht Ziel, sondern nur Mittel kommunistischer Politik und Taktik. In einem Streik, wie hier angenommen, würde deshalb in dem Augenblick,

wo die Unternehmer-Seite erkennen ließe, daß sie bereit ist, auf die herausgestellten Forderungen einzugehen, die kommunistische Leitung ihre Forderungen erweitern und vergrößern, um das eigentliche Ziel dieser politisch gedachten Aktion zu sichern: die Widersprüchlichkeit des kapitalistischen Systems aufzuzeigen und zu verstärken. Allein ein Gesichtspunkt könnte die Kommunisten bewegen, einem Ausgleich, einer Verständigung zuzustimmen, nämlich die Erwartung, daß die Durchsetzung sozialpolitischer Forderungen unter ihrer Führung für die Kommunistische Partei – vielleicht durch Gewinnung neuer Wähler – Vorteile erwarten läßt, die ihr erlauben, den Kampf der Gegensätze auf der politischen Ebene verstärkt zu führen und zu fördern.)

Ziel kommunistischer Politik darf und kann also nicht der Kampf für bessere Lebensbedingungen des Proletariats im System der kapitalistischen Ordnung sein. Schlechte soziale Verhältnisse im Kapitalismus sind für die Kommunisten nicht eine Aufgabe, die unmittelbar, d. h. in der bestehenden Gesellschaftsordnung zu lösen ist, sondern ein Mittel für den Umsturz der bestehenden Ordnung.[87]

Die revolutionäre politische Strategie und Taktik der Kommunisten lehnt grundsätzlich den Versuch ab, im allgemeinen Rahmen kapitalistischer Verhältnisse einen sozialen Ausgleich herbeizuführen.[88] Die sozialen Bemühungen der Gewerkschaften, der Sozialdemokraten oder anderen Parteien, wie sie heute in der ganzen westlichen Welt anzutreffen sind, sind deshalb aus der Sicht des revolutionären Sowjetkommunismus grundfalsch. Sie schwächen die Spannungen und Gegensätze ab, die eine Handhabe zur Überwindung des Kapitalismus geben. Sie fördern die ideologische Korrumpierung des Proletariats und verhindern eine revolutionäre Bewußtseinsbildung. Sie verraten zugunsten letzlich geringfügiger sozialer Verbesserungen die grundsätzlich bessere, klassenlose kommunistische Ordnung. Sie verlängern die Ära und die Herrschaft der Kapitalisten, ohne die aus der kapitalistischen Ordnung gesetzmäßig sich ergebenden Krisen und Kriege verhindern zu können. Gewerkschaften und sozialdemokratische Parteien westlicher Prägung sind deshalb Verräter der Arbeiterklasse, Büttel der Bourgeoisie, Handlanger des Imperialismus. Gewerkschaftliches Denken und „Sozialdemokratismus“ sind die ärgsten Feinde des Kommunismus.

Antagonistische und nichtantagonistische Widersprüche

Widersprüche, so wurde festgestellt, sind das vorwärtstreibende Moment, sind die fortschrittlich wirkende Kraft in aller Entwicklung. Wir müssen nun jedoch zwischen zwei Arten von Widersprüchen unterscheiden: zwischen antagonistischen und nichtantagonistischen Widersprüchen.

Bisher war nur von antagonistischen Widersprüchen die Rede. Der Kampf zwischen ihnen kann nur mit dem Obsiegen der einen Seite enden. Sie sind unversöhnlicher Natur. Derartige antagonistische Widersprüche sind z. B. in der grundsätzlich verschiedenen Interessenlage der Klassen im Kapitalismus zu sehen. Zwischen ihnen steigert sich die bestehende Spannung immer weiter. Ist der kritische Spannungsgrad erreicht, so wird in einem dialektischen Sprung die Synthese, die Überwindung des Widerspruchs, erreicht. Demgemäß drängt die kapitalistische Klassengesellschaft auch nach einer revolutionären Lösung ihrer Widersprüche.

Die nichtantagonistischen Widersprüche dagegen sind nicht grundsätzlicher Natur, schließen sich nicht prinzipiell aus, sondern gleichen mehr polaren Spannungen, die sich – wie z. B. bei einem Magneten der Plus- und Minuspol – geradezu bedingen. Das hier bestehende Spannungsverhältnis bildet sozusagen ein Kraftfeld, das sich fortlaufend in kleinen kraftspendenden Stromstößen entlädt. Hier wird immer wieder ein Ausgleich, eine Verständigung erzielt. Die Entwicklung verläuft deshalb, wenn sie von nichtantagonistischen Widersprüchen bedingt ist, in einer Vielzahl „allmählicher Sprünge". Der Fortschritt geht dann evolutionär vor sich.[89]

Dem antagonistischen Widerspruch entspricht also der dialektische Sprung. Wo derartige Gegensätze in einer Gesellschaft bestehen, wird sich dehalb die Entwicklung revolutionär vollziehen.

Dem nichtantagonistischen Widerspruch entspricht der allmähliche „Sprung". Gesellschaften, in denen nur diese Widersprüche bestehen, können sich deshalb evolutionär entwickeln.

(Erläuternd: Die stetige evolutionäre Entwicklung ist das Merkmal der sozialistisch-kommunistischen Gesellschaft. In dieser Gesellschaft gibt es keine antagonistischen Widersprüche mehr. Mit der Überführung der Produktionsmittel aus dem Privateigentum in gesellschaftliches Eigentum ist die Ursache der Klassenbildung, der Grund antagonistischer Widersprüche beseitigt. Ohne Klassen aber kein Klassenkampf, keine Revolution, die letzter Ausdruck des Klassenkampfes ist. In der sozialistisch-kommunistischen Gesellschaftsordnung bestehen nur noch nichtantagonistische Widersprüche, etwa zwischen Menschen, die in der Stadt oder auf dem Lande wohnen, zwischen Arbeiterklasse und Intelligenz, zwischen denen, die im Apparat der Partei oder Regierung Dienst tun und dem „einfachen Mann auf der Straße". Es gibt hier zwar noch verschiedene Lebensbereiche, unterschiedliche Arbeitsgebiete usw., aus denen sich auch gewisse unterschiedliche Meinungen, Interessen usw. ergeben können – aber niemals mehr mit antagonistischem Gegensatzcharakter. Denn allen gemeinsam ist das grundsätzliche Interesse am weiteren Fortschritt. Und er wird nun ermöglicht aus der fruchtbaren Spannung der nichtantagonistischen Widersprüche. Da es zudem keine privaten Produktionsmittel-Besitzer mehr gibt, die sich aus ihrer Interessenlage einer fortschrittlichen gesellschaftlichen Entwicklung entgegenstemmen könnten, wird die fortschrittliche Entwicklung nun ungehemmt, von allen gewollt, deshalb schneller als bisher vor sich gehen.

Sofern in einer sozialistischen Gesellschaft massive Konflikte entstehen – wie etwa 1953 in der DDR, 1956 in Ungarn und 1968 in CSSR – so sind sie das Ergebnis eines reaktionären Einflusses von außen, der sich mit noch vorhandenen Resten eines reaktionären Bewußtseins im sozialistischen System selbst verbindet. Sie ergeben sich aus der Aktivität des kapitalistischen Weltsystems gegen die sozialistischen Staaten [also aus dem antagonistischen Widerspruch zwischen Kapitalismus und Sozialismus-Kommunismus], die bei bewußtseinsmäßig zurückgebliebenen Bevölkerungsschichten propagandistische Resonanz findet. Gegen diese Interpretation der „Konterrevolution" durch den Sowjetkommunismus vertritt die Kommunistische Partei Chinas im Anschluß an Mao Tse-tung Stalins ursprüngliche

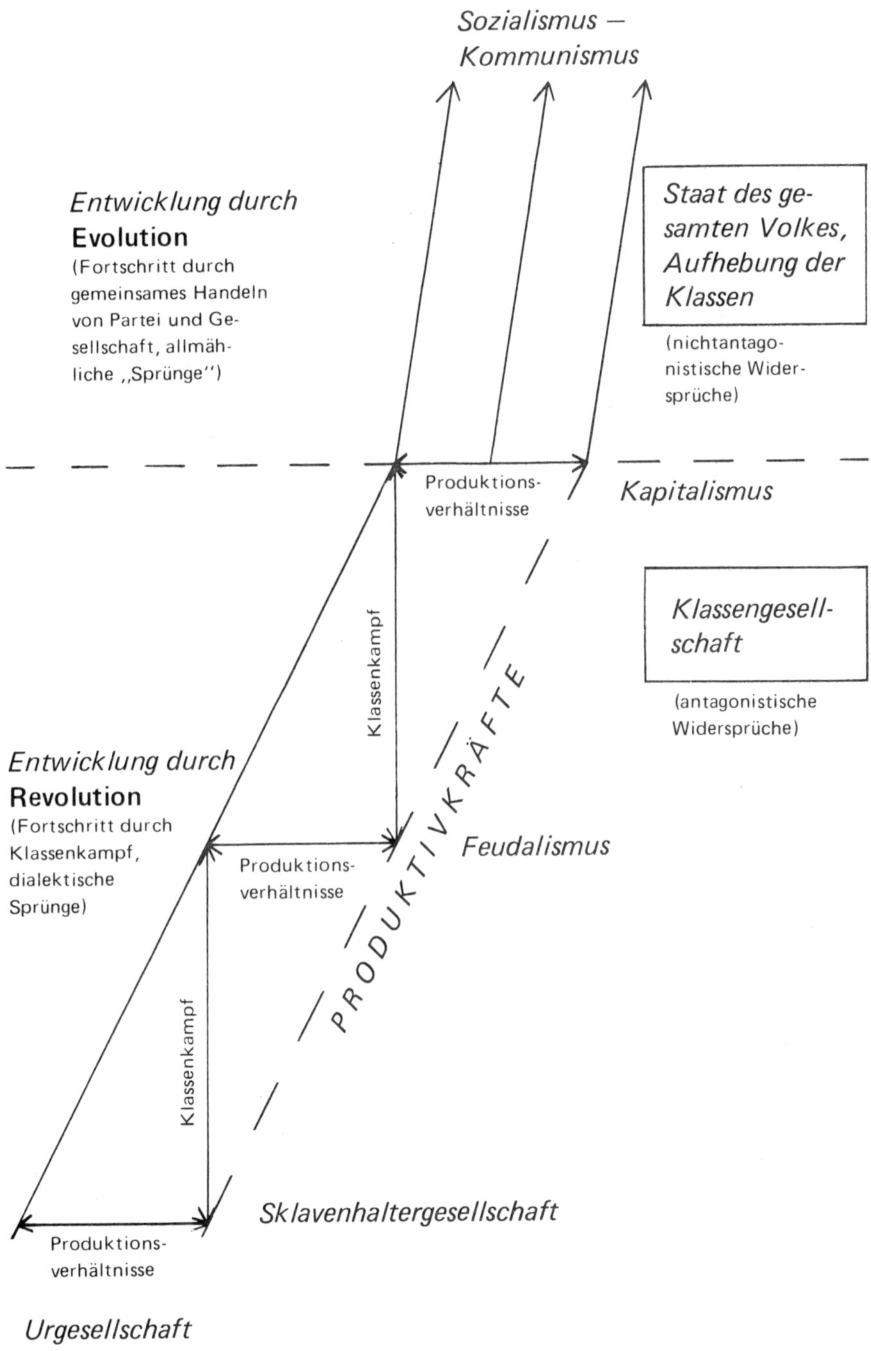

Sozialismus –
Kommunismus
Entwicklung durch
Evolution
(Fortschritt durch gemeinsames Handeln von Partei und Gesellschaft, allmähliche „Sprünge")
Staat des gesamten Volkes, Aufhebung der Klassen
(nichtantagonistische Widersprüche)
Produktionsverhältnisse
Kapitalismus
Klassengesellschaft
(antagonistische Widersprüche)
Klassenkampf
PRODUKTIVKRÄFTE
Entwicklung durch
Revolution
(Fortschritt durch Klassenkampf, dialektische Sprünge)
Produktionsverhältnisse
Feudalismus
Klassenkampf
Sklavenhaltergesellschaft
Produktionsverhältnisse
Urgesellschaft

These von der Verschärfung des Klassenkampfes im Sozialismus. Sie betont, daß bis zur Verwirklichung der kommunistischen Gesellschaft antagonistische Widersprüche im Inneren des Systems selbst den sozialistisch-kommunistischen Aufbau beeinflussen. Der Kampf der „zwei Linien" erscheint als Motor der Entwicklung, in der neben den „Widersprüchen im Volk" auch die „Widersprüche zwischen dem Volk und seinen Feinden" fortbestehen. Die Mobilisierungskampagnen der chinesischen Kommunisten, zuletzt in der „Großen Proletarischen Kulturrevolution" 1966–1968, sollten einerseits die bürokratische Erstarrung von Funktionären und Wissenschaftlern überwinden, die durch die zeitweilige Rückkehr zur körperlichen Arbeit ein neues revolutionäres Bewußtsein erhalten; andererseits sollten sie aber auch eine Kraftprobe herbeiführen, die gleichzeitig die unversöhnlichen Volksfeinde entlarvt und ausschaltet.)

Die Unterscheidung von antagonistischen und nichtantagonistischen Widersprüchen heißt also: Revolution im Kapitalismus, Evolution im Sozialismus.

Mit der Beseitigung des Privatbesitzes an den Produktionsmitteln, mit Überwindung der Klassengegensätze endet die revolutionäre gesellschaftliche Entwicklung. Die weitere, jetzt schnellere, da ungehemmte und geplante Entwicklung geht evolutionär vor sich. Als Gesellschaftsordnung ist deshalb der Kommunismus die letzte Stufe. Die neuerliche Bildung antagonistischer Widersprüche, die zu einer revolutionären Umgestaltung führen könnten, ist nicht möglich. Ideologische Kräfte, die wieder einen Privatbesitz an Produktionsmitteln und damit eine Klassengesellschaft anstreben wollten, können sich – da das gesellschaftliche Sein das Bewußtsein bestimmt – nicht mehr bilden. Das kommunistische System wird sich jedoch folgerichtig und schneller als die bisherige Entwicklung fortschrittlich ausgestalten.

Zusammenfassung

Widersprüche in allen Erscheinungen von Natur und Gesellschaft sind die Triebkräfte aller Entwicklung.

Widersprüche sind deshalb bewußt als Mittel revolutionärer Strategie und Taktik zu fördern. Ausgleichende sozialpolitische Bemühungen sind dagegen als grundsätzlich falsch abzulehnen.

Es gibt antagonistische und nichtantagonistische Widersprüche, ihnen entsprechen revolutionäre und evolutionäre Entwicklungen.[90]

Das Gesetz der Negation der Negation

Welt ist Welt im Werden, die durch eine Abfolge von allmählichen Veränderungen (Evolutionen) und einschneidenden qualitativen Sprüngen (Revolutionen) gekennzeichnet ist. Die letzte Grundkomponente dieser dialektischen Prozeßtheorie besteht in der Behauptung, daß sich alle Entwicklung vom Niederen zum Höheren vollzieht, daß es ein unumkehrbares Gesetz permanenten Fortschritts gibt. Das Gesetz der Negation der Negation leitet dieses ständige Fortschreiten zu einer höheren Qualität aus der Negation, der Überwindung eines existierenden Zustandes ab, durch die eine neue Entwicklungsstufe hervorgebracht wird, die ihrerseits

durch Negation einen neuen Prozeß der Veränderung auslöst. Ein elementares Beispiel zur Kennzeichnung der Wirkungsweise dieses Gesetzes hat Engels mit der schon angeführten Entwicklungsreihe Saatkorn–Getreidepflanze–Ährenfrucht gegeben. Hierbei ist das Resultat allerdings keine neue Qualität, sondern nur eine quantitative Vervielfältigung des Ausgangspunktes. Das Ablaufschema der historischen Entwicklung ist besser geeignet, die behauptete Höherentwicklung zu verdeutlichen: Gemeineigentum der Urgesellschaft–Privateigentum der Klassengesellschaften–gesellschaftliches Eigentum des Sozialismus-Kommunismus.
Allgemein gesagt, wird das Gesetz der Negation der Negation folgendermaßen beschrieben: In der Entwicklung folgt auf einen Zustand relativer Wirkungsgleichheit der Gegensätze (Ausgangspunkt, Position) eine Periode, die durch eine Verstärkung von Nichtübereinstimmungen und Konflikten bestimmt wird (Negation). Diese Kampfperiode wird gesetzmäßig durch die Herstellung einer neuen Wirkungsgleichheit der Gegensätze auf einer qualitativ höheren Ebene abgelöst (Negation der Negation). Der geschilderte Prozeß liegt nach sowjetkommunistischer Auffassung letzten Endes allen Entwicklungsvorgängen zugrunde. Er soll bewirken, daß bei aller Veränderung, die in der Welt ständig stattfindet, im Gang der Entwicklung auf wesentlich höherer Entwicklungsstufe jeweils an bestimmte Bedingungen des Ausgangszustandes angeschlossen wird. Daher spricht man davon, daß die Entwicklung die Form einer Spirale besitzt.[91] Der spiralförmige Charakter der Entwicklung erklärt auch zeitweilige Rückschläge im historischen Ablauf. Grundsätzlich gilt aber die Erkenntnis: Die dialektische Entwicklungsgesetzlichkeit führt vom Unvollkommenen zum Vollkommeneren, vom weniger Qualifizierten zum besser Qualifizierten, vom Niederen zum Höheren.[92]
(Erläuternd: Die Lebewesen entwickelten sich in dauerndem Kampf, durch Überwindung weniger lebenstüchtiger Organismen zu immer höheren Daseinsformen.)
Die Konsequenz dieser Feststellung, daß sich alles gesetzmäßig höher entwickelt, heißt: Alles Erreichte ist nur ein Durchgang zu etwas Vollkommenerem, Höherem. Wenn aber die gegenwärtige Ordnung der Dinge nur eine Vorstufe zu einer zukünftig besseren ist, dann sollte der Mensch das Gegenwärtige, d. h. das weniger Vollkommene und Schlechtere zu überwinden und das Zukünftige, d. h. das Vollkommenere und Bessere anzustreben trachten. Dann muß das Denken und Handeln des Menschen weg von dem Bestehenden auf das Entstehende ausgerichtet werden. Nicht das, was ist, darf dann Maßstab für ihn sein, sondern das, was wird. Das Bestehende ist nur wert, daß es möglichst bald „aufgehoben" wird.

Übertragen auf die geschichtliche und politische Situation des heutigen Menschen ist dies die Verpflichtung, die zur Zeit noch bestehende kapitalistische Ordnung zu überwinden und den Sozialismus-Kommunismus als die sich gesetzmäßig entwickelnde höhere Ordnung der Zukunft anzuerkennen und anzustreben.

Zusammenfassung
Die gesetzmäßige Entwicklung verläuft vom Niederen zum Höheren. Sie vollzieht sich in Form einer Spirale, wodurch sie auf einer qualitativ höheren Stufe mit dem Ausgangspunkt der Entwicklung in Verbindung bleibt.

MATERIALISTISCHE DIALEKTIK ALS „ANLEITUNG ZUM HANDELN“

Wir haben festgestellt, daß die materialistische Dialektik die Entwicklungsgesetze der materiellen Wirklichkeit formuliert, die Existenz einer Realdialektik, einer objektiven Dialektik in den Dingen selbst, behauptet. Da das Bewußtsein nicht wie im Idealismus als Voraussetzung der materiellen Welt erscheint, sondern als Ergebnis einer dialektischen Entwicklung, der Selbstbewegung der Materie zu qualitativ neuen Formen der Wirklichkeit, ist die menschliche Erkenntnis nichts anderes als eine Widerspiegelung der materiellen Wirklichkeit im menschlichen Bewußtsein.[93]
Demnach sind die Gesetze der objektiven Dialektik zugleich Grundgesetze der menschlichen Erkenntnis, und es besteht die Möglichkeit, zwischen Erkenntnis und Realität, Planung und gesellschaftlichem Handeln, Theorie und Praxis einen direkten Zusammenhang herzustellen.
Das Prinzip der Einheit von Theorie und Praxis erweist den Marxismus-Leninismus gleichzeitig als Weltanschauung und Aktionsstrategie, es nimmt für die Politik der kommunistischen Parteien eine wissenschaftliche Grundlage in Anspruch, die sie von der Politik aller anderen gesellschaftlichen Kräfte prinzipiell unterscheidet. Der Marxismus-Leninismus ist also nicht nur eine Gesellschaftstheorie, sondern zugleich „Anleitung zum Handeln“.[94]
Aus den Gesetzen der materialistischen Dialektik ergeben sich somit Konsequenzen, die das Verhalten eines jeden Kommunisten zur Wirklichkeit bestimmen.

Die Entwicklungsgesetze sind erkennbar

Auch für die menschliche Vernunft gilt, was schlechthin für die gesamte Realität gilt: der stetige Fortschritt, der Aufstieg Schritt für Schritt. So gelangt der Mensch auf einer bestimmten Stufe seiner Einsichtsfähigkeit – und zwar erstmalig im Werk von Karl Marx und Friedrich Engels – zur Erkenntnis der Gesetzmäßigkeit, der sein gesellschaftliches Leben, seine Geschichte folgt. Es muß folgerichtig angenommen werden, daß sich seine Kenntnisse immer weiter verfeinern. Seine Forschungen werden immer tiefer und weiter in die Entwicklungsgesetzlichkeiten eindringen.
Es besteht daher kein Grund, anzunehmen, daß dieser fortschreitenden Entwicklung der menschlichen Erkenntnis irgendwo eine unüberwindbare Grenze gesteckt sei. Es gibt zwar heute noch hier und da nicht letztlich Erkanntes. Das ist jedoch lediglich eine Frage des Standes der wissenschaftlichen Entwicklung. Prinzipiell Unerkennbares kann es im gesetzmäßigen Fortschritt nicht geben.[95] Nichts spricht für eine Schranke, an der die menschliche Erkenntnis halt machen müßte. Es kann keine Barriere geben, vor der der menschliche Wissensdrang letztlich kapitulieren müßte. Es gilt, die in der kapitalistischen Klassengesellschaft herrschende bürgerliche Ideologie und die religiösen Vorurteile zu beseitigen, die dem menschlichen Wissen die Allwissenheit eines vermeintlichen Gottes gegenüberstellen und demütige Selbstbeschränkung predigen. Der Kommunist, der um die Gesetzmäßigkeit der Entwicklung und die Erkennbarkeit der Welt weiß – dieser Mensch ist ihr nicht mehr in blindem Aberglauben ausgeliefert. Sein Wissen um die Dinge verleiht ihm Macht über die Dinge. Er ist nicht mehr Sklave, er wird ihr Herr.[96]

So wird auch dem Menschen der kommunistischen Gesellschaft, der den historischen Entwicklungsprozeß kennt und sich ihm gemäß verhält, Geschichte nicht mehr unbegreifliches Fatum sein, sondern bewußtes Lebensgesetz. Er wird schließlich keiner Staatsaufsicht mehr bedürfen, sondern das Nötige aus eigener Einsicht tun.
(Erläuternd: Dieser rationalistische Zug der Dialektik findet vielfachen Ausdruck. Die wesentlichste Konsequenz ist die radikale Ablehnung des Gottglaubens, jeder von Gott offenbarten höheren Wahrheit durch die Sowjetideologie.[97] *Dagegen wurde – betont rational – die Entwicklung des Bildungswesens in Rußland vorangetrieben: Während die russische Bevölkerung 1917 noch überwiegend aus Analphabeten bestand, verfügt die SU heute über ein modernes Bildungswesen. Auch die eifrige Lektüre von Lehrbüchern in öffentlichen Verkehrsmitteln oder die Beobachtung eines Journalisten in Moskau, der in später Nachtstunde den Portier seines Hotels nicht schlafend antrifft, sondern beim Studium eines wissenschaftlichen Werkes, verweist auf den Lerneifer, der sich aus der Wissenschaftsgläubigkeit ergibt.)*

Zusammenfassung
Die Welt, ihre Erscheinungen, sind grundsätzlich erkennbar. Dieser Satz stellt die Wissenschaft auf den Platz der Offenbarung.

Die Entwicklungsgesetze sind vollziehbar

Entwicklungsverläufe, die erkannt sind, erlauben dem Menschen, sich auf sie einzustellen. Bewegungsprozesse, deren Ursachen bekannt und beeinflußbar sind, können vom Menschen gefördert werden. Gesetzmäßigkeiten, die erforscht sind, können angewendet werden – gleichgültig, ob es sich dabei um die von Newton bestimmten Gravitationsgesetze oder um das von Marx formulierte Bewegungsgesetz der menschlichen Gesellschaft handelt.
So ermöglicht das Wissen um die Kräfte, die die geschichtliche Entwicklung bedingen, die bewußte Steuerung des Fortschritts. Eine Theorie – so sagt Lenin – hat man nicht zu haben, sondern zu handhaben. Geschichte wird nicht mehr hingemommen, sondern gemacht. Ihre gestaltenden Faktoren sind berechenbar; man kann sie dem politischen Kalkül zugrunde legen.
Politik wird damit zur Wissenschaft. Im wissenschaftlichen Kommunismus wird die menschliche Gesellschaft zum Laboratorium des Fortschritts. Alle Vorgänge werden technisch geplant, rational gesteuert. Zwischen naturwissenschaftlichem Experiment und politischer Aktion besteht kein Wesensunterschied mehr.
Da die Dialektik als die wissenschaftliche Theorie der allgemeinen Bewegungsgesetze dieser Welt gilt, müssen ihre Aussagen immer mit der Wirklichkeit übereinstimmen. Hier wirkt das Prinzip der Einheit von Theorie und Praxis. Die Theorie hat sich in der Praxis zu bewähren. Da die Kommunisten aber in ihrer politischen Praxis die Gesellschaft nach ihrer politischen Theorie umgestalten, ist das Ergebnis der Politik jeweils Bestätigung der Theorie.[98] Die zum Kommunismus hin weiter entwickelte gesellschaftliche Wirklichkeit bedingt dann wiederum eine entsprechend weiter entwickelte Theorie.

Die kommunistische Theorie bewahrheitet (verifiziert) sich also in doppelter Weise: einmal indem sie politisch gestaltend angewandt, zum anderen indem sie dem politisch Gestalteten angepaßt wird.

Zusammenfassung

Die Entwicklungsgesetze sind vom Menschen vollziehbar.

Kommunistische Politik versteht sich als planmäßiger Vollzug der Entwicklung der menschlichen Gesellschaft.[99]

Die Entwicklung vollzieht sich nach erkennbaren Gesetzen: Freiheit ist Einsicht in die Notwendigkeit.

Die materialistische Dialektik erweist, daß alle Entwicklungsvorgänge in ihrem Ablauf grundsätzlich festliegen, bedingt (determiniert) sind, daß deshalb auch der Mensch gar nicht die Möglichkeit besitzt, den Verlauf der Geschichte willkürlich zu bestimmen. Das bedeutet, daß in der Wirklichkeit und ihrer gesetzmäßigen Weiterentwicklung kein Platz ist für jene Freiheit, die der Westen propagiert und zu besitzen vermeint. Sie ist hiernach als eine Illusion, als ein Teil der bürgerlich-kapitalistischen Ideologie anzusehen, die nicht einsehen will und kann, daß alle Entwicklung naturgesetzlich ist, daß die menschliche Geschichte – wie im historischen Materialismus nachgewiesen – zwangsläufig zur kommunistischen Gesellschaftsform hin verläuft.

Richtige Einsicht kennt die Gesetze der Dialektik. Richtiges Bewußtsein bekennt sich zu ihnen, vollzieht sie bewußt, um den Prozeß der weiteren Entwicklung zu fördern. Freiheit – in diesem Sinne richtig verstanden – ist Einsicht in die Notwendigkeit der Entwicklung.

(Erläuternd: Der Gelbe Fluß in China z. B. fließt aus den Bergen im Westen des Landes nach Osten, zum Gelben Meer. Sein Lauf liegt grundsätzlich fest: das Wasser fließt von oben nach unten, nicht umgekehrt. Dieses Naturgesetz ist unaufhebbar. Der Mensch hat zwar die Möglichkeit – dies liegt im Rahmen seiner „Freiheit" –, den Strom sich selbst zu überlassen, ihn sich seinen Weg allein bahnen zu lassen. Aber das wäre ein sinnloses Verständnis menschlicher Freiheit. Der Fluß würde dann wahrscheinlich in jedem Frühjahr über die Ufer treten, Felder überschwemmen, Dörfer verwüsten. Richtig verstandene Freiheit würde fordern: den Verlauf des Flusses, der grundsätzlich festliegt, zwischen Quelle und Mündung zu bändigen, ihn zu kanalisieren und einzudeichen, den Strom für den Menschen nutzbar zu machen.

Dieses Bild, übertragen auf die Situation der Menschen, dem politischen Geschehen, der geschichtlichen Entwicklung gegenüber, heißt: Wenn es – wie im historischen Materialismus nachgewiesen wird – feststeht, daß die menschliche Geschichte naturgesetzlich zur kommunistischen Gesellschaftsordnung hinfließt, dann sollte sich der Mensch, bei richtigem Verständnis seiner Freiheit, in dieses Naturgesetz einfügen, es selbst mit vollziehen. Er sollte dann verhindern, daß der ungezügelte Strom der Geschichte, der Kapitalismus etwa in seiner imperialistischen Endphase, über „seine Ufer" tritt und Schaden anrichtet. Die Entwicklung der menschlichen Gesellschaftsordnungen sollte dann bewußt auf den Kommunismus hin kanalisiert werden, in den sie ja sowieso einmünden wird.)

Alles entwickelt sich gesetzmäßig. Der Verlauf der menschlichen Geschichte ist (zum Kommunismus) determiniert.[100]
Dieser Satz verneint den Freiheitsbegriff des Westens. Er macht den Menschen zum Ausführungsorgan einer vorbestimmten geschichtlichen Entwicklung.[101]

Sittlichkeit als Parteilichkeit

Der Freiheitsbegriff des Marxismus-Leninismus, der das menschliche Verhalten an die vorgegebenen Gesetze der geschichtlichen Entwicklung bindet, ist auch die Grundlage der kommunistischen Morallehre. Karl Marx hatte jede Moralauffassung als ein Element des gesellschaftlichen Überbaus bezeichnet, ihren Klassencharakter und damit ihre Wandelbarkeit betont und die Existenz irgendwelcher absoluter Moralnormen geleugnet.[102] Ethik als System von Geboten und Verboten für menschliches Handeln dient nach dieser Auffassung stets bestimmten Zwecken, sie kann nicht losgelöst von den gesellschaftlichen Interessen der sozialen Klassen betrachtet werden. Dementsprechend hat Lenin in einer immer wieder zitierten Rede vor dem Kommunistischen Jugendverband schon 1920 erklärt: „Wir sagen, daß unsere Sittlichkeit völlig den Interessen des proletarischen Klassenkampfes untergeordnet ist. Unsere Sittlichkeit ist von den Interessen des proletarischen Klassenkampfes abgeleitet . . . Wir sagen: Sittlich ist, was der Zerstörung der alten Ausbeutergesellschaft und dem Zusammenschluß aller Werktätigen um das Proletariat dient, das eine neue, die kommunistische Gesellschaft aufbaut."[103]
In der sozialistisch-kommunistischen Gesellschaft kann es mithin keine Rechte geben, die vom Inhalt, der Zielsetzung des menschlichen Tuns absehen. Das Wozu und Wofür liefert erst den Maßstab für das moralische Urteil. Auch die Grundrechte der Staatsverfassung sind in diesem Sinne zu interpretieren. So kann Freiheit der Meinungsäußerung nicht die Freiheit zur antikommunistischen Agitation bedeuten, Versammlungsfreiheit nicht die Freiheit zur Bildung systemkritischer oder systemfeindlicher Gruppen und Freiheit der Religionsausübung nicht die Freiheit der Kirche zur Grundsatzkritik an der sozialistisch-kommunistischen Gesellschaft.
In der kommunistischen Morallehre kann es schließlich auch keine grundsätzliche Ablehnung des Krieges geben, sie erachtet vielmehr jeden Pazifismus als schädlich. Nicht die Gewaltanwendung an sich ist zu verurteilen, sondern nur die Benutzung von Machtmitteln zur Erhaltung einer reaktionären Klassengesellschaft. So wird in der politischen Theorie des Kommunismus seit Lenin zwischen gerechten und ungerechten Kriegen unterschieden. Alle Kriege, die der Befreiung von imperialistischer Unterdrückung dienen (wie etwa Kampf und Sieg des Vietcong in Südvietnam), sind gerechte Kriege, die alle Kommunisten zu Solidarität und Hilfe verpflichten, während alle Kriege, die von den Feinden des Volkes geführt werden, als ungerechte Kriege verurteilt werden müssen.[104]
Die kommunistische Ethik lehnt dementsprechend auch das christlich-humanistische Gebot der Feindesliebe als eine Verhüllung und Verharmlosung der real existierenden Klassenkämpfe ab. Liebe und Haß stehen in einem dialektischen Verhältnis, die Erziehung der Liebe zum Sozialismus-Kommunismus schließt die Erziehung zum Haß gegen seine Feinde notwendig ein.[105]

Zusammenfassung und Folgerungen

a) Die materialistische Dialektik, die Lehre von den allgemeinen Entwicklungsgesetzen der gesamten Wirklichkeit, gründet sich vornehmlich auf folgende Prinzipien:
1. Die *Erscheinungen* der Welt stehen in einem *allgemeinen Zusammenhang.*
2. Welt ist Welt im Werden, die gesamte Wirklichkeit *entwickelt und verändert sich* ständig.
3. In der *Entwicklung* der Wirklichkeit führen *quantitative Veränderungen* schließlich zu *qualitativen Veränderungen.* Die Entwicklung verläuft in Sprüngen (1. Gesetz der Dialektik).
4. *Einheit und Kampf der Gegensätze* sind die *Triebkraft* der Entwicklung (2. Gesetz der Dialektik).
5. Es gibt *antagonistische und nichtantagonistische Widersprüche.* Ihnen entsprechen *revolutionäre* und *evolutionäre Entwicklungen.*
6. Die Entwicklung verläuft vom *Niederen* zum *Höheren* gemäß dem Gesetz der Negation der Negation (3. Gesetz der Dialektik).
7. Alle *Entwicklungsgesetze* sind *erkennbar.*
8. Alle *Entwicklungsgesetze* sind aufgrund der *Einheit von Theorie und Praxis vollziehbar,* d. h. ihre Wirksamkeit kann durch menschliches Handeln beschleunigt werden.
9. Menschliche *Freiheit* ist *vernunftgemäßes Handeln* in Kenntnis der Entwicklungsgesetze. Freiheit ist *Einsicht in die Notwendigkeit.*
10. Es gibt *keine allgemeinmenschliche Sittlichkeit.* Kommunistische Moral nimmt *Partei für die Ziele des Kommunismus* und macht Front gegen seine Feinde.

b) Diese *Gesetzmäßigkeiten* gelten überall, in allen Bereichen unserer Existenz, in allen Gebieten der Welt. Sie sind *allgemeine Naturgesetzmäßigkeiten.* Der dialektische Materialismus ist deshalb die begriffliche Erklärung der Wirklichkeit, die *wissenschaftliche Interpretation der Welt* und ihrer Entwicklung. Er kann deshalb nichts anderes aussagen, als tatsächlich ist. Jede theoretische Aussage muß sich in der Praxis bewahrheiten. Es besteht eine unabdingbare Forderung zur Identität von Theorie und Praxis, zur *Einheit* von *Lehre und Leben.*

c) Die Kommunistische Partei kennt diese Gesetzmäßigkeiten. Ihre Politik praktiziert sie. Sie ist die wissenschaftliche Anwendung der Entwicklungsgesetze und damit richtiger und schnellster Weg der Menschheit in die bessere, höhere Ordnung. Wenn die kommunistische Politik aber Wissenschaft, also wahr ist, kann nicht auch eine andersgeartete Politik richtig sein.[106] *Die Wissenschaftlichkeit der kommunistischen Lehre und die Wissenschaftlichkeit der kommunistischen Politik schließen also die Existenzberechtigung aller anderen entgegengesetzten politischen Lehren und Parteien aus.*[107]

Der Besitz der wissenschaftlichen Wahrheit begründet für die Kommunistische Partei, den kommunistischen Staat, einen uneingeschränkten Führungsanspruch in der Politik.

Wenn die Kommunistische Partei das Gesetz dieser Welt und die Bestimmungen des Menschen in seiner gesellschaftlichen Entwicklung wissenschaftlich richtig erkannt hat, dann ist es auch folgerichtig, wenn der kommunistische Staat seine Politik nicht von dem Willen der Mehrheit der Bevölkerung abhängig macht, die von ihrer Vorbildung her oder aus anderen Gründen vielleicht gar nicht in der Lage ist, diese Wahrheit zu erkennen.

Wenn die kommunistische Lehre wahr ist, dann bleibt die kommunistische Politik richtig, auch wenn die Mehrheit der Bevölkerung anderer Meinung ist. Denn wissenschaftliche Wahrheit ist durch freie Wahlen ebenso wenig zu bestimmen wie die richtige Lösung einer Rechenaufgabe durch Mehrheitsbeschluß einer Schulklasse. Das Machtmonopol der Kommunistischen Partei rechtfertigt sich mit dem Wahrheitsanspruch der kommunistischen Lehre, mit der Wissenschaftlichkeit der kommunistischen Politik. Da es nach kommunistischer Auffassung keine andere wissenschaftliche Erklärung der gesellschaftlichen Entwicklung gibt, bedeutet dies: Allein der Marxismus-Leninismus ist wissenschaftliche Wahrheit. Deshalb kann nur ein dialektisch-materialistisches Denken richtig sein. Der Marxismus-Leninismus ist damit immun gegen jede Kritik, die nicht dialektisch-materialistischem Denken entspricht. Außerdem: Allein die Kommunistische Partei handelt im Sinne des Marxismus-Leninismus. Deshalb kann nur die Politik der Kommunistischen Partei richtig sein. Die Kommunistische Partei ist damit immun gegen jede Kritik, die von Nichtangehörigen der Kommunistischen Partei geübt wird. Der Absolutheitsanspruch, der sich aus diesem Selbstverständnis ergibt, ist ideologisch nicht von außen aufzubrechen; er muß an seinen eigenen Voraussetzungen gemessen und von innen kritisiert werden.

Die Wirkung der Lehre

DER MARXISMUS-LENINISMUS – EINE WELTLICHE HEILSLEHRE

Die bisherige Darstellung hat wesentliche Teile der Sowjetideologie nicht behandelt. Es fehlen der philosophische Materialismus und die Erkenntnistheorie; die politische Ökonomie des Kapitalismus ist nur angedeutet; die Beschreibung der strategischen und taktischen Aufgaben der Arbeiterbewegung in den politischen Gegebenheiten unserer Zeit wie die Lehren über den systematischen Aufbau der sozialistischen, schließlich kommunistischen Gesellschaft wurden nur gestreift. Dennoch mag hinreichend deutlich geworden sein, wie universal diese Lehre angelegt ist, wie alle Lebens- und Seinsgebiete von ihr erfaßt und gedeutet werden. Deshalb soll hier schon der Versuch einer Gesamtbilanz unternommen werden.
In der Einleitung wurde bereits ausgeführt, daß, um das Phänomen der sowjetkommunistischen Ideologie voll zu begreifen, neben ihrem Inhalt ihre Wirkung zu berücksichtigen ist. Ihre eigentliche Faszinationskraft ist zu verdeutlichen, die den überzeugten Kommunisten auch dann an der Wahrheit seiner Lehre festhalten läßt, wenn die Praxis viele negative Erfahrungen, Enttäuschungen und abschreckende Fehler bereithält.
Um es vorweg zu sagen: Der vom Marxismus-Leninismus Überzeugte lebt – das Wort sei gestattet – in drei „Paradiesen".

Absolute Denksicherheit

Das erste könnte das Paradies der absoluten Denksicherheit genannt werden.
Für den Kommunisten ist die Welt enträtselt, das Dasein gedeutet. Der Gang menschlicher Geschichte ist erklärt. Dem Menschen selbst ist gesagt, was er ist, was er zu tun, was er zu denken hat. Ihm ist eine Aufgabe zugewiesen. Ihm ist die Frage nach dem Sinn des Lebens beantwortet. Die Wissenschaftlichkeit seiner Anschauung enthebt ihn jeden Zweifels.
(Erläuternd: Der Kommunist nimmt zur Kenntnis, was seine Überzeugung bestätigt. Sie ist Wahrheit, Maßstab dessen, was richtig, was wichtig ist. Deshalb werden auch in der kommunistischen Propaganda, in den kommunistischen Zeitungen und Radiosendungen pausenlos alle Erscheinungen, selbst die unbedeutendsten, herausgestellt, die seine Ansicht, die ihn selbst bestätigen. Anderes wird als unwesentlich abgetan, ignoriert.)
Mit dem Marxismus-Leninismus ist dem Kommunisten ein in sich geschlossenes weltanschauliches System zur Verfügung gestellt, das auf alle Fragen eine Antwort bereithält. Die Lehre erfaßt alle Bereiche, ordnet alle Erscheinungen. Und für jede Situation gibt sie zudem eine Verhaltensregel.

(Erläuternd: So sind z. B. Streiks, Unruhen, Regierungskrisen im Westen Zeichen des verfaulenden Kapitalismus. Derartige Ereignisse sind von kommunistischer Seite zu fördern, möglichst bis zum Sturz des kapitalistischen Systems. Aufstände wie im Juni 1953 in der DDR, im Oktober-November 1956 in Ungarn oder eine reformistische Politik wie 1968 in der CSSR dagegen sind Versuche, das Rad der Geschichte, den Prozeß der gesellschaftlichen Entwicklung, der bereits ein fortschrittliches sozialistisches Stadium erreicht hatte, aufzuhalten oder zurückzudrehen, sind konterrevolutionär. Sie müssen um des gesellschaftlichen Fortschritts der Menschheit willen deshalb notfalls rücksichtslos unterbunden und unterdrückt werden.)

Die Denksicherheit des überzeugten Kommunisten ist zudem von außen kaum zu erschüttern. Seine Lehre beweist ihm ja, daß nur sein Denken richtig ist. Meinungen, die nicht dialektisch-materialistisch begründet sind, sind für einen Kommunisten eigentlich uninteressant, weil sie einem Denken entspringen, aus dem weder richtige politische Urteile gewonnen noch der wirklichen Lage gerecht werdende politische Aktionen konzipiert werden können.

So studiert ein Kommunist politische, wirtschaftliche, gesellschaftliche oder philosophische Lehren aus dem westlichen Lager nicht, weil er sie für diskussionswürdig hält, sondern um sie zu „entlarven", d. h. aufzudecken, in welcher Weise diese Lehren den Interessen des Kapitals dienen, klassengebundene Ideologie sind.

Menschen, die sich zur Ordnung der westlichen Welt bekennen, denken grundsätzlich falsch. Das ist ihnen nicht übelzunehmen oder zum Vorwurf zu machen. Denn sie können als Produkt ihrer Umwelt ja nicht anders, als Vertreter kapitalistischer Klasseninteressen eben nicht richtig denken. Erst die Umgestaltung der Gesellschaftsordnung würde die Voraussetzungen dazu schaffen.

Während wir uns immer wieder von verschiedenen Standpunkten neu um die Deutung des menschlichen Daseins, um die Analyse unserer geschichtlichen Situation mühen, ohne zu wissen, ob wir dabei endgültige Antworten gefunden haben, hat der überzeugte Kommunist Gewißheit über den Sinn seines Lebens, Anweisung für sein politisches Verhalten, Sicherheit in seiner Weltanschauung. Er lebt im „Paradies der absoluten Denksicherheit".

Die absolute „Siegesgewißheit"

Er lebt zweitens im „Paradies der absoluten Siegesgewißheit". Die Geschichte, ihr Ablauf, ist für ihn Gesetz. Ihre Entwicklung führt zwangsläufig zum Kommunismus. Der Kommunist ist also Erbe des geschichtlichen Entwicklungsgesetzes oder, in seiner politischen Aktivität, Testamentsvollstrecker der Geschichte. Er weiß sich von einer Welle getragen, die ihn über alle Hindernisse hinweg an den Strand des Sieges tragen wird.

Diese seine Zuversicht kann auch nicht daran zerbrechen, daß die Kommunistische Partei bei freien Wahlen in der westlichen Welt vielleicht nur wenige Prozent der Stimmen erhält. Die Stärke der bürgerlich-kapitalistischen Kräfte ist für den Kommunisten nur eine scheinbare, vergängliche Stärke. Er weiß, das Rad der Geschichte dreht sich weiter. Das, was gegenwärtig die westliche Welt bestimmt, ist vom

Gesetz des Fortschritts bereits zum Absterben verurteilt. Nicht das, was heute herrscht, ist wirklich stark, sondern das, was sich zwangsläufig entwickelt. Das kapitalistische System entwickelt und produziert nach seinem Gesetz aber die proletarisch-kommunistischen Kräfte. Das dialektische Weltverständnis sieht die Dinge nicht statisch, nicht den bestehenden Zustand, sondern den zur zukünftigen Ordnung fortschreitenden Prozeß. Auch Entbehrungen oder Mängel, die in den Ländern des Ostblocks offensichtlich sind, können deshalb die Zukunftserwartung des Kommunisten nicht trüben. Mit jedem Volkswirtschaftsplan geht man ja dem Sieg des Kommunismus entgegen. Was heute noch nicht ist, wird morgen sein.
(Erläuternd: Eine der heutigen Wirklichkeit entsprechende, eine fotografisch getreue Beschreibung einer häßlichen Holzbaracke irgendwo in Rußland durch einen westlichen Journalisten kann als bewußte agitatorische Unfreundlichkeit empfunden werden, wenn im laufenden Wirtschaftsplan der Umbau dieser Baracke in ein mit allen modernen Einrichtungen ausgestattetes Steinhaus vorgesehen ist. Wahre Berichterstattung aus richtiger, aus dialektischer Sicht darf nicht nur den gegenwärtigen Zustand schildern. Sie muß zumindest auch die „Perspektive“, d. h. den künftigen Zustand berücksichtigen.)
Die Gewißheit seines Endsieges verleiht dem überzeugten Kommunisten ein Lebensgefühl, das sich eben durch seine Zukunftsgewißheit von dem unsrigen entschieden abhebt.
Während wir nicht von vornherein davon ausgehen können, daß unseren eigenen politischen Bemühungen der Erfolg garantiert ist, lebt er im „Paradies der absoluten Siegesgewißheit“.

Das Paradies auf Erden

Das dritte „Paradies“ des Kommunisten ist seine Überzeugung, daß der ihm zugesicherte Erfolg nicht nur einfach der Sieg seiner Sache ist, sondern vor allem der Sieg einer grundsätzlich besseren Sache. Es ist seine Zuversicht, daß das Paradies nicht im Jenseits liegt, sondern in dieser Welt erreicht wird. Oder vorsichtiger formuliert (da der Begriff des kommunistischen Paradieses seit den 30er Jahren kaum noch auftritt): Die kommunistische Politik, die kommunistische Gesellschaftsordnung wird schließlich eine im Wesen bessere Welt aufbauen, wird den „Menschen neuen Typus“ erziehen, wird das menschliche Schicksal aus Not und Bedrängnis, aus Verführung und Verirrung herausführen. Kommunistische Politik ist nicht ein Schönheitspflästerchen-Verkleben, kein Flickwerk am Alten, sondern zielt auf eine prinzipielle Verbesserung der menschlichen Verhältnisse. Die Kommunistische Partei weiß sich sozusagen im Besitz des Schlüssels, mit dem die Tür, die aus dem Jammertal der „gefallenen“ Welt herausführt, geöffnet werden kann. Die Kommunistische Partei weiß sich in Kenntnis der Methode, mit der der Spaltpilz, die Krebsgeschwulst aus dem Körper der menschlichen Gesellschaft endgültig herausoperiert werden kann.
Nicht das ständige Bemühen, nicht das Ausbessern von Mängeln in der Gewißheit, daß morgen neue auftreten, nicht die Erfahrung, daß die Lösung eines Problems eine Reihe neuer entstehen läßt, bestimmt die politische Grundhaltung des Kom-

munisten. Er ist überzeugt von der Möglichkeit, nein, von der zwangsläufigen Notwendigkeit einer Weltverbesserung. Seine Politik ist der Geburtshelfer dieser neuen, schöneren, besseren, wirklich menschlichen Welt.

Marxismus-Leninismus – ein Religionsersatz

Wir sehen: Aus der im Vordergrund stehenden Analyse wirtschaftlicher Entwicklungen, aus der Betrachtung allgemeiner Naturgesetzlichkeiten wachsen hier hintergründig dem überzeugten Kommunisten Hoffnungen, Verheißungen, Heilsverkündungen zu, wie sie dem Menschen bisher nur aus einem religiösen Bekenntnis zuteil werden. Der Marxismus-Leninismus offenbart sich als Religionsersatz. Die Struktur dieser Lehre weist zudem seltsame Analogien zur christlichen auf. Ihre Heilsverkündungen stehen in einem merkwürdigen Bezug zur Botschaft Christi: Das „Paradies der absoluten Denksicherheit" vertritt die Gewißheit des Christen um seine Geborgenheit in Gott. Das „Paradies der absoluten Siegesgewißheit" schiebt sich auf den Platz der uns verheißenen Erlösung von unseren Sünden. Und das „Paradies der kommunistischen Gesellschaft" erscheint dann in diesem Zusammenhang als weltliche Form des christlichen Paradieses.
Der Strukturvergleich läßt sich weiter treiben: Der historische Materialismus weiß von einem verlorenen Paradies, der Urgesellschaft. Das Aufkommen des Privateigentums erscheint gewissermaßen als „Sündenfall", die Klassengesellschaft als „gefallene Welt". Marx rückt in die Dimension eines „Erlösers", der das „Paradies" der klassenlosen Gesellschaft eröffnet.
Der Kommunismus hat seine „Schriften" und „Märtyrer". Er hat seine „Propheten" in Gestalt der utopischen Sozialisten. Seine „Ketzer" heißen Abweichler, die „Beichte" Selbstkritik. Er stellt der Hierarchie der Kirche die autoritäre Organisation der Kaderpartei gegenüber. Er ist eine weltliche Heilslehre.
Hier, in diesem Heilslehrencharakter, liegen die Gründe der psychologischen Wirksamkeit. Man kann dieser Ideologie verfallen, wenn man möchte, daß ihre Versprechungen wahr seien. Und wer erst ihren Versprechungen glaubt, für den kann nicht mehr wahr sein, was ihnen widerspricht.
Dort, wo die Unvollkommenheit unserer Welt nicht ertragen werden kann, wird der Marxismus-Leninismus zum Versucher. Er blendet mit der Behauptung, daß das Paradies nicht erst nach unserem Tode erreichbar, sondern bereits in dieser Welt begründbar sei. Diese Verheißung ist Magnet für Weltverbesserer und Nährboden für die politische Dynamik des Systems. Sein Leitbild, das zwar ferne, aber angeblich erreichbare Ideal einer wahrhaft menschlichen Gesellschaft weckt, Bewegungskräfte und politische Antriebe, löst stärkere Impulse aus, als sie in einer Gesellschaft möglich und denkbar sind, die um die ewige Unvollkommenheit weiß, die sich sagen muß, daß es viel besser, als es ist, nicht werden kann. Größe und Ferne des politischen Ziels und Ideals einer Gesellschaft stehen zweifellos auch in einer Beziehung zu ihrer politischen Aktivität und motorischen Dynamik. Sie für sich wiederum wirken unzweifelhaft als starke Anziehungskräfte.
Dort, wo das Ungesichertsein unseres Denkens nicht ertragen werden kann, wird der Marxismus-Leninismus zum Verführer. Er fasziniert mit dem Anspruch, er sei

nicht durch Gnade erlangbarer Glaube, sondern rational erkennbare, wissenschaftlich-wahre Weltanschauung.
Dieser Anspruch auf Wissenschaftlichkeit verspricht Befreiung vom Zweifel und Bezweifeltwerden, er wird zum eisernen Rückgrat des politischen Systems. Wird dieser Anspruch zu Recht erhoben, ist der Marxismus-Leninismus wahr, so sind seine Jünger der Auseinandersetzung enthoben; vom Gebot der Toleranz entlastet. Sind sie im Besitz der Wahrheit, so haben sie das Recht, die Bürger zu verpflichten, diese ihre Wahrheit zu erkennen, in ihrem Sinne zu dienen. Der Wissenschaftlichkeitsanspruch des Marxismus-Leninismus ist die Legitimation unbeschränkten Herrschaftsanspruchs der Kommunistischen Partei. Und das Mitglied der Kommunistischen Partei gehört zum Orden der Auserwählten, der zur Macht Berufenen.

Kritik

ZUR METHODE

Die verbreitete Grundhaltung des „Antikommunismus" ist selten das Ergebnis rationaler Kritik, deshalb zumeist keine intellektuell fundierte Gegenposition. Antikommunismus kann sich nur dort legitimieren, wo er in ernsthafter geistiger Auseinandersetzung gewonnen wurde. Es muß jedoch befürchtet werden, daß die kommunistische Ideologie in unserer Gesellschaft in weiten Bereichen nicht geistig überwunden, sondern einfach – unbekannt ist. Unwissenheit ist aber wie bloße Antipathie kein Argument.

Der unkritischen Darstellung folgend, darf deshalb der kritische Teil zunächst mit einigen methodischen Anmerkungen, mit einigen Hinweisen eröffnet werden, wie man der Lehre und den Vertretern der Sowjetideologie nicht entgegentreten sollte:

1. Nicht unvorbereitet, nicht ohne Wissen um die Gedankenwelt des Kommunisten. Unkenntnis ist kein Schutz. Ignoranz keine Immunität. Im Gegenteil! Sie sichern dem Kommunisten den Vorteil der Gesprächsführung. Gegenüber Frage und Zweifel erscheinen Antwort und Behauptung überlegen. Wir sollen uns nicht sagen lassen müssen, wir verführen nach dem Satz: „Ich kenne Ihre Meinung nicht, aber ich mißbillige sie".
2. Nicht mit einer Ablehnung in Bausch und Bogen. Die Sowjetideologie enthält unzweifelhaft Teilwahrheiten, die anerkannt werden müssen. Wäre sie in toto falsch, könnte niemand die kommunistische Weltbewegung zureichend erklären. Es kommt entscheidend darauf an, nachweisen zu können, wo Teilwahrheiten unzulässig verallgemeinert werden, wo einzelne Fakten unvertretbar überbewertet werden.
3. Nicht mit der Berufung auf den höheren Lebensstandard, wenigstens nicht als Hauptargument. Das Auftrumpfen mit dem höheren materiellen Lebensstandard (etwa nach dem Motto: „Wir haben die schöneren Autos, damit auch die bessere Gesellschaftsordnung und Weltanschauung") – eine Argumentation auf dieser Basis ist unfruchtbar. Die Güte einer, unserer Gesellschaftsordnung ist nicht in erster Linie eine Frage der reichen Versorgung mit äußeren Lebensgütern. Außerdem würde hier mit Recht, zumindest für die Sowjetunion, auf den ungleichen Ausgangspunkt der industriellen Entwicklung hingewiesen werden können. Niedriger Lebensstandard, Not und Wirtschaftsschwierigkeiten sind nichts spezifisch Kommunistisches, finden sich vielmehr auch in nichtkommunistischen Ländern, in Asien, Afrika, Lateinamerika und selbst in Europa.
4. Nicht mit einem Widerspruch gegen soziale Motive. Dies kann bereits dadurch geschehen, daß wir uns – das sowjet-kommunistische Vokabular ungeprüft

übernehmend – in die Rolle des Verteidigers des gesamten „Kapitalismus" – einschließlich aller seiner Auswüchse – drängen lassen. Wichtig ist vielmehr aufzuzeigen, daß die von Kommunisten angewandten Mittel den angegebenen Zweck verfehlen, daß humanitäre Ziele nicht auf inhumanen Wegen angestrebt, daß wahre Menschlichkeit nicht durch krasse Unmenschlichkeit verwirklicht werden kann.

5. Nicht gleichgültig, nicht in der Haltung des unbeteiligt Neutralen. Unentschiedenheit wird vom Kommunisten nicht akzeptiert, jedenfalls nicht länger als aus seiner Sicht nötig respektiert. Er wird dann den Nachweis antreten, daß sie entweder dem kommunistischen oder dem „kapitalistischen" Lager nützt. Jede Meinung ist nach seiner Lehre parteilich.
6. Nicht mit einer oberflächlichen Diskussion, die sich lediglich gegen bestimmte Konsequenzen aus dem Marxismus-Leninismus wehrt, ohne ihre Ausgangspunkte in die Kritik einzubeziehen. Wenn nämlich die Voraussetzungen (die Prämissen), die Fundamentalsätze (die Axiome) unbestritten bleiben, müßten auch die Schlußfolgerungen daraus, sofern sie logisch gezogen sind, anerkannt werden. Eine sinnvolle Auseinandersetzung muß deshalb notwendig die grundlegenden Behauptungen der Lehre untersuchen. Können sie als falsch zurückgewiesen werden, entfallen auch die daraus gewonnenen Schlußfolgerungen. Ein Haus bricht nicht zusammen, wenn ich die Farbe einer Tapete in einem Zimmer des dritten Stockwerkes ändere, es stürzt aber mit allem ein, wenn ich seine Fundamente sprenge.

Die Kenntnis der Fundamentalsätze (der Axiomatik) der kommunistischen Lehre wird damit die Voraussetzung einer sinnvollen Auseinandersetzung mit ihr.

Es ergibt sich also die Frage: Auf welchen grundlegenden Behauptungen ist die sowjet-kommunistische Lehre aufgebaut, welche Voraussetzungen müssen unbedingt richtig sein, um die von ihnen abgeleiteten Thesen zuzulassen? Kurz: mit welchen Fundamentalsätzen steht und fällt diese Lehre?

Es sind – im wesentlichen – drei. Nämlich:

1. Alle Entwicklung ist determiniert.
   Die Ordnung der menschlichen Gesellschaft entwickelt sich geschichtlich gesetzmäßig zum Kommunismus.
2. Die gesetzmäßige Entwicklung ist ein Prozeß qualitativen Fortschrittes (vom Niederen zum Höheren).
   Die sozialistisch-kommunistische Gesellschaft ist eine prinzipiell bessere als die ihr vorangehenden Gesellschaftsordnungen.
3. Der Marxismus-Leninismus ist eine wissenschaftliche Lehre.
   Die Kommunistische Partei, ihre Führungsspitze, besitzt das Monopol der Kenntnis der Lehre.

Sind diese Behauptungen richtig, so sind fast alle kommunistischen Behauptungen gedeckt. Treffen sie zu, so kann an kaum einer Schlußfolgerung der Sowjetideologie noch mit Recht Kritik geübt werden.

Daneben bieten sich als Ansatz einer sinnvollen Kritik jedoch noch drei weitere Gesichtspunkte an:

4. Sind die Mittel der kommunistischen Politik geeignet, den Zweck der klassenlosen Gesellschaft, die Assoziation freier Menschen, zu erreichen?

5. Entspricht das Sowjetsystem seiner eigenen Theorie? Und: Ist der Marxismus-Leninismus eine in sich widerspruchsfreie Lehre?
6. Entspricht das Menschenbild des Marxismus-Leninismus der Wirklichkeit des Menschen?

Gehen wir mit unseren kritischen Betrachtungen in dieser Reihenfolge vor.

ENTWICKELT SICH DIE GESELLSCHAFTLICHE ORDNUNG GESETZMÄßIG ZUM KOMMUNISMUS?

Alle Entwicklung, so wird gesagt, sei eine gesetzmäßige Entwicklung. Alles, was sich entwickelt, sei kausal bedingt. Selbst die Anerkennung einer allgemeinen Kausalität berechtigt jedoch noch nicht ohne weiteres, darüber hinausgehend von einer – dem Menschen erkennbaren – Gesetzmäßigkeit der Entwicklung zu sprechen. Das wäre nur möglich, wenn dem Menschen jeweils alle Faktoren, die auf die Entwicklung einwirken, bekannt sind.

Wenn also eine dialektische Entwicklungsgesetzlichkeit behauptet wird, so unterstellt das, daß jede These nur eine bestimmte, berechenbare Antithese haben kann und daß aus jedem Gegensatz ausschließlich eine genau zu kalkulierende Synthese hervorgehen muß.

Von einem allgemeingültigen, wissenschaftlich unanfechtbaren Entwicklungsgesetz kann jedoch bei der Unzahl von Bewegungsvorgängen und der einfach unübersehbaren Fülle der Bedingungen, die auf ihre Stärke und Richtung Einfluß nehmen, keine Rede sein. Dazu gehören im Bereich der gesellschaftlichen Entwicklung vor allem auch psychologische Faktoren, die sich zum Teil schon durch ihre Untersuchung oder Feststellung wandeln. (Die Analyse der Motive für ein bestimmtes Konsumverhalten hat bereits häufiger, sofern sie bekannt wurde, den gerade untersuchten Tatbestand verändert.)

Wie wenig Entwicklung im Sinne der Sowjetideologie als „gesetzmäßig" bestimmbar angesehen werden kann, mag jedoch am besten konkret in der Entwicklung des Kapitalismus überprüft werden.

Die sowjetkommunistische Lehre behauptet ja, daß das Grundgesetz der kapitalistischen Produktionsweise und die sich aus ihm ergebenden Folgen schließlich die revolutionäre Umwandlung des Systems in ein sozialistisch-kommunistisches unumgänglich machen.

Begründet wird diese Entwicklungsvoraussage damit, daß sich im Kapitalismus unvermeidlich die sozialen Spannungen immer weiter verstärken müssen. Es gelten die Thesen von der immer weiter fortschreitenden Verelendung und Verproletarisierung auf der einen Seite und der Akkumulation und Zentralisation des Kapitals auf der anderen. Die Gesellschaft würde sich polarisieren. Die Wirtschaft würde von periodischen Krisen heimgesucht. Imperialismus sei der letzte Ausweg des Kapitalismus.

Wie ist der tatsächliche Entwicklungsverlauf?

Marx glaubte, als er die Verelendung des Proletariats prophezeite, davon ausgehen zu können, daß die weitere Technisierung des Produktionsprozesses immer mehr nur ungelernte Arbeiter erfordern würde. Alle höher qualifizierten Arbeiten würden zunehmend von Maschinen übernommen werden. Diese Annahme hat sich, so allgemein unterstellt, als unberechtigt erwiesen. Gerade die moderne Produktionsweise erfordert eine Fülle von gelernten, fachlich hochqualifizierten Arbeitskräften, von Spezialisten, die entsprechend hohen Lohn erhalten.

Marx ging weiter davon aus, daß es im Kapitalismus immer eine große „industrielle Reservearmee", eine erhebliche Zahl von Arbeitslosen, geben würde. Die Rationalisierung der Betriebe, leistungsfähigere Maschinen würden immer wieder billige Arbeitskräfte freisetzen. Kapitalismus und Vollbeschäftigung schienen ihm unvereinbar. Auch wenn man feststellen muß, daß in der Wirtschaftsentwicklung der westlichen Industriestaaten immer wieder bestimmte Konjunkturschwankungen auftreten, die zu einem unterschiedlich hohen Beschäftigungsniveau führen, ist die Tatsache nicht zu übersehen, daß eine generelle Tendenz einer anwachsenden Arbeitslosigkeit nicht besteht. Mit den Mitteln staatlicher Konjunkturpolitik kann das zeitweilig auftretende Übel der Arbeitslosigkeit heute wirksam bekämpft und in relativ kurzer Zeit eingedämmt werden, so daß die Erscheinung des Arbeitskräftemangels zumindest in manchen westlichen Staaten für den Gesamtablauf ihrer Wirtschaftsentwicklung eher typisch zu sein scheint als das vermeintlich unabwendbare Schicksal chronischer Arbeitslosigkeit, einer ständigen „industriellen Reservearmee".

Eine weitere, die angenommene Entwicklung ändernde Erscheinung ist die zunehmende Durchsetzung der Produktion mit Verwaltungsapparaturen, die Bürokratisierung. Sie hat mit der Angestelltenschaft eine neue, noch ständig wachsende gesellschaftliche Zwischenschicht hervorgebracht. In zwar abhängigen Arbeitsverhältnissen, jedoch auch teilweise mit vom Unternehmer delegierten Dispositionsbefugnissen ausgestattet, verstehen sich die Angestellten selbst zumeist in einer sozialen Mittlerrolle.

Die gewerkschaftliche Vertretung der Arbeitnehmer hat immer höhere Löhne durchgesetzt. Sie liegen heute vielfach weit über dem Existenzminimum, über dem, was zur „Reproduktion der Arbeitskraft" nötig ist. Eine umfassende Sozialgesetzgebung schützt vor Ausbeutung.

All das hat allgemein zu einem erheblichen Anstieg des Lebensstandards der Nichtbesitzer von Produktionsmitteln geführt. Von einer absoluten Verelendung, wie Marx sie zeitweilig anzunehmen schien, kann ernsthaft schon längst nicht mehr die Rede sein. Dennoch wurde sie trotz der das Gegenteil beweisenden Wirklichkeit, wenn auch abgeschwächt, bis in die fünfziger Jahre von der Sowjetideologie behauptet. Seitdem sprechen die Kommunisten nur noch von einer „tendenziellen Verschlechterung der Lage der Arbeiterklasse".

Bleibt die These von der relativen Verelendung. Sie besagt, daß die Produktionsmittelbesitzer, die Kapitalisten, schneller reich werden, als sich der Lebensstandard der Arbeiterschaft hebt. Hierzu ist zunächst anzumerken, daß das früher einmal klare Kriterium: hie Kapitalisten – hie Arbeiter angesichts der fortschreitenden Teilung von Besitz und Verfügungsgewalt über die Produktionsmittel und der immer breiteren Streuung von Aktienbesitz (vor allem in den USA) immer fragwürdiger wird. Aber selbst, wenn tatsächlich Produktionsmittelbesitz in den Gesellschaften des Westens zu schnellerem, größerem Vermögenszuwachs geführt hat – und daran ist aufs Ganze gesehen kein Zweifel –, so bestehen auch hier Möglichkeiten, durch politische Maßnahmen des Staates die Entwicklung zu steuern. Eine gesetzmäßig verlaufende, derartig unterschiedliche Vermögensentwicklung, die zu unüberbrückbaren sozialen Gegensätzen führen muß, ist jedenfalls nicht festzustellen.

Damit ist bereits auch einiges zur These der Verproletarisierung gesagt. Für Marx war die Frage des Proletariats gekennzeichnet durch einen unüberwindlichen Gegensatz zu den Kapitalisten: Durch weiter wachsende Ungleichheit der Eigentumsbildung, des Konsumvermögens, des politischen Einflusses, der Startchancen, der menschlichen Selbstentfaltung. Die Gesellschaft, so erwartete Marx, müßte sich unaufhaltsam polarisieren, bis schließlich die übergroße Mehrheit des Volkes als verelendetes Proletariat nur noch einer Handvoll von Ausbeutern gegenüberstehen würde. Das Proletariat, notleidend und von der Bourgeoisie immer grausamer unterdrückt, sollte sich seiner Klassenlage und seiner wahren Interessen bewußt werden und sich zum revolutionäten Klassenkampf politisch organisieren. Klasse im marxistischen Sinne ist das Proletariat eigentlich nur bei einem ausgeprägten antikapitalistisch-revolutionären Bewußtsein.

Hier wird bereits deutlich, daß der Marxsche Klassenbegriff in der heutigen Gesellschaft westlicher Industriestaaten irrelevant geworden ist, seine eigentlichen Bezüge verloren hat. Es sind weder die objektiven Voraussetzungen zur Klassenbildung wie angenommen stärker geworden – sie haben sich vielmehr abgeschwächt –, noch hat sich das politische Bewußtsein der Arbeiterschaft der unterstellten Interessenlage entsprechend entwickelt, wie die Ergebnisse vieler freier Wahlen ausweisen. Zweifellos ist der Ausgangspunkt der Marxschen Gesellschaftsanalyse, das Kriterium der Eigentumsverhältnisse an den Produktionsmitteln als einziger, zumindest entscheidender Maßstab zur Bestimmung der gesellschaftlichen Verhältnisse und politischen Entwicklungen, nicht ausreichend.

Auch auf der Seite der „Kapitalisten" ist die Entwicklung anders gelaufen, als Marx annahm.

Sicherlich gibt es auch und gerade in der Bundesrepublik eine erhebliche Akkumulation des Kapitals. Sie hat zu einem rapiden Anstieg der Produktionskapazitäten geführt. Aber nicht erwartet wurde, daß die Kaufkraft der Massen in ähnlichem Maße wuchs. Auch hier haben sich die Verhältnisse seit der Zeit, als Marx die ökonomische Entwicklung untersuchte, erheblich geändert. Im Kapitalismus des 19. Jahrhunderts kam die Akkumulation des Kapitals durch eine nahezu schrankenlose Ausbeutung zustande. Mit ihren Hungerlöhnen bezahlten die Arbeiter die Kosten der industriellen Expansion. Heute sorgt vor allem auch die Lohnpolitik der Gewerkschaften dafür, daß die Betriebsgewinne in der Regel nicht über ein vertretbares Maß hinausschießen. In unserer „Wirtschaft der Sozialpartnerschaft" wird die sich noch vollziehende Akkumulation deshalb schon vielfach als Sparprozeß begriffen, der die nötigen Investitionsmittel zur weiteren Entwicklung und

Modernisierung der Produktion bereitstellt. Die Frage, wie die Arbeitnehmer in sinnvoller Weise auch am Zuwachs der Betriebsvermögen teilhaben können, steht zur Diskussion.

Im übrigen verfügt die Wirtschafts-, Sozial- und Steuerpolitik heute über ein vielfältiges Instrumentarium, um die Vermögensentwicklung und -verteilung in der politisch gewollten Weise zu steuern. Ein vom menschlichen Willen unabhängig wirkendes Gesetz ist nicht gegeben.

Ähnliches gilt für die Zentralisation des Kapitals. In einem angeblich zwangsläufigen Prozeß sollten sich ja die Produktionsmittel in immer weniger Händen zusammendrängen, da im Konkurrenzkampf des freien Marktes die leistungsstärkeren Großbetriebe die kleineren, nicht mehr wettbewerbsfähigen aufsaugen oder zerreiben würden. Gewiß, es gibt diese Entwicklung. Die Betriebszentralisation ist sogar akzeptabel, wo sie zur Rationalisierung der Fertigung führt, die Produktivität steigert, das Warenangebot verbilligt. Und sie ist wirtschaftspolitisch z. B. durch Antikartellgesetze u. ä. dort zu bremsen, wo dies nötig erscheint und ernsthaft gewollt wird.

Darüber hinaus hat sich jedoch gezeigt, daß die Entwicklung nicht schlechthin zum Großbetrieb führt. Der Industriebetrieb der Marxschen Zeit war durch die Dampfmaschine gekennzeichnet. Die Produktionstechnik hat sich inzwischen aber differenziert. Andere Antriebsaggregate und Energiequellen, unter den verschiedenen Motoren vor allem der Elektromotor, machen heute auch Mittel- und Kleinbetriebe in vielen Produktionszweigen rentabel und konkurrenzfähig. Um die Großbetriebe hat sich dementsprechend ein ganzer Kranz solcher Mittel- und Kleinbetriebe mit als sicher geltender Existenzgrundlage angesiedelt. Sie werden z. T. auch als Zulieferer von Teilprodukten benötigt, die nicht großindustriell gefertigt werden können; sie sind weiter vonnöten als Hersteller von Nichtmassenwaren, als Reparaturbetriebe usw.

Zu den Gründen, weshalb die Produktionsweise des kapitalistischen Wirtschaftssystems nicht zur Polarisierung der Gesellschaft, nicht zur Verschärfung der Klassenunterschiede, nicht zum revolutionsreifen sozialen Spannungszustand geführt hat, gehören aber vor allem die sozialpolitischen Bemühungen der demokratischen Organisationen der Arbeiterbewegung. Sie haben – nicht zuletzt aufgrund der Marxschen Analyse der frühkapitalistischen Wirtschaft – bewußt und zielstrebig deren Entwicklungstendenzen entgegengearbeitet. Die Verkürzung der Arbeitszeit, der Kampf um höhere Löhne und Gehälter, die Durchsetzung des Mitbestimmungsrechts usw. haben die vom Sowjetkommunismus der kapitalistischen Wirtschaft als gesetzmäßig vorausgesagte Entwicklung des sich immer weiter verstärkenden Klassenkampfes und immer größerer Klassenunterschiede nicht nur aufgefangen, sondern schon fast ins Gegenteil verkehrt: An die Stelle der Polisarisationstendenz ist Integrationspolitik getreten. Die Gesellschaft der westlichen Industriestaaten gilt heute als eine „Gesellschaft im Schmelztiegel".

Zur Kennzeichnung der heute anders gearteten Wirtschaftsstruktur gehört auch, daß es mit der staatlichen Kreditpolitik möglich geworden ist, den Verlauf des Wirtschaftsprozesses zu stabilisieren. Konjunkturüberhitzungen können durch Diskontsatzerhöhungen gedämpft, depressive Phasen durch Zinssenkungen belebt werden. Die Reduzierung oder Forcierung von Investitionsausgaben der öffentlichen Hand hat sich inzwischen als wirkungsvolles Instrument bewährt, die konjunkturelle Entwicklung zu bremsen oder anzukurbeln.

Der gesamte Komplex der Marktforschung ist ebenfalls eine Erscheinung, die sich erst nach der Zeit Marx' neu herausgebildet hat. Sie hat sich als durchaus wirksames Instrument zur Harmonisierung von Angebot und Nachfrage erwiesen. Sie wird ergänzt durch eine moderne Wirtschaftswerbung, die in der Lage ist – selbst bei fehlerhaften Marktanalysen –, dem Warenangebot entgegenkommende Konsumbedürfnisse zu wecken und auszuweiten, damit also Märkte neu zu schaffen oder zu vergrößern.

Marx erwartete eine „Anarchie der Produktion". Sie sollte dadurch entstehen, daß Nachfragen auf dem Markt jeweils viele „Kapitalisten" zu Neuinvestitionen und Produktionserweiterungen veranlassen würden, die insgesamt zu riesigen Fehlinvestitionen und unausgenützten Produktionskapazitäten führen sollten. Gerade die neueren kommunistischen Lehrbücher halten an dem psychologischen Argument fest, daß die Profitsucht der Kapitalisten notwendig zu derartig verursachten Krisen führen müsse.

Auch hier lehrt der Augenschein eine andere Wirklichkeit. Selbst wenn der Bundesrepublik ein wirtschaftlicher Gesamtplan durchaus gut anstände, so versteht es die moderne Wirtschaft offensichtlich, auch ohne zentrale Abstimmung ins Gewicht fallende Fehlinvestitionen und die von Marx vorausgesagte Anarchie der Produktion zu vermeiden. Kamen Fehlberechnungen, Kalkulationsfehler vor, so trafen sie wesentlich nur einen, nämlich den falsch geleiteten Betrieb. Die Auswirkung blieb in einem Wirtschaftssystem mit vielen selbständigen, überlegt planenden Produzenten beschränkt. In dem vom Sowjetkommunismus geforderten und praktizierten System einer zentralgelenkten Verwaltungswirtschaft müssen sich dagegen Planungsirrtümer auf den gesamten Bereich der Volkswirtschaft auswirken.

Schließlich muß festgestellt werden, daß die mit der Produktion mitgewachsene Kaufkraft, die Schaffung supranationaler Märkte u. a. auch der „Imperialismustheorie" den Boden entziehen. Der Anreiz, im eigenen Wirtschaftsraum zu investieren, ist nicht kleiner geworden, der Zwang zum Kapitalexport nicht aufgetreten. (Entwicklungshilfe kann kaum in diesem Sinne verstanden werden.) Die Produktion kann auf dem eigenen Markt abgesetzt werden.

Das Gesagte mag genügend deutlich gemacht haben, wie sehr sich die heutige Wirtschaftsstruktur von dem Modell der frühkapitalistischen Wirtschaft, das Marx untersuchte, unterscheidet. Gleichzeitig mag damit hinreichend belegt sein, wie gänzlich anders als im voraus angenommen die Entwicklung verlaufen ist.

Es hieße jedoch Karl Marx Unrecht tun, wollte man ihn dafür verantwortlich machen, daß die Sowjetideologie seine für die Frühzeit des Kapitalismus weitgehend zutreffende Analyse auch heute noch als eine Fotografie der inzwischen veränderten Wirklichkeit ausgibt. Wenn Marx damals in seiner politischen Lehre die revolutionäre Umgestaltung der Gesellschaft als Mittel zur Aufhebung der Klassengegensätze forderte, so hat die Sowjetideologie daraus ohne Not ein Dogma gemacht. Marx selbst hat noch die sich anbahnenden Strukturveränderungen in Wirtschaft und Gesellschaft erkannt und die Möglichkeit eingeräumt, auch ohne Revolution zum Sozialismus zu gelangen. Es ist gewiß zulässig anzunehmen, daß er den Wandel der Verhältnisse zur Kenntnis genommen und aufgrund des veränderten Tatbestandes – seinem Denkansatz entsprechend – dann auch seine Schlußfolgerungen korrigiert hätte.

Daß die gesellschaftlichen Verhältnisse sich so gewandelt haben, ist ja nicht zuletzt ihm zu verdanken. Die wirtschafswissenschaftliche Forschung, die das Werk von Karl Marx ebenso berücksichtigen mußte, wie sie aus den bitteren Erfahrungen früherer Krisen lernen konnte, hat inzwischen der Wirtschaftspolitik eine ganze Skala von Mitteln zur vernünftigen Steuerung der sozialen und wirtschaftlichen Entwicklung an die Hand gegeben. Was die Sowjetideologie als Gesetze der kapitalistischen Wirtschaftsentwicklung bezeichnet, waren einmal und sind Tendenzen einer sich völlig selbst überlassenen, rein liberalistischen Wirtschaft. Aktive Wirtschafts- und Sozialpolitik kann sie nicht nur bekämpfen, sondern sogar ihre Richtung ändern. Es besteht aller Anlaß anzunehmen, daß der Prozeß der weiteren krisenfreien wirtschaftlichen Entfaltung, die Versöhnung von Arbeitnehmern und Arbeitgebern, die Erhaltung der Vollbeschäftigung auch unter den Bedingungen eines Systems sozialer Marktwirtschaft stattfinden kann, sofern dieses politische Ziel gesetzt und energisch genug verfolgt wird.

Der „Kapitalismus" folgte also nicht der ihm unterstellten Zwangsläufigkeit. Die menschliche Gesellschaft ist nicht objektiv zum Kommunismus verurteilt. Im gesellschaftlichen Leben – wie auch in anderen Bereichen – treten immer wieder neue Momente, unberechnete Erscheinungen, unvorhersehbare Faktoren auf, die es nicht gestatten, von einer bestimmten und bestimmbaren Gesetzmäßigkeit der Entwicklung zu sprechen.

Jede geschichtliche Situation besitzt Alternativen. Jede Gegenwart eröffnet verschiedene Wege zur Zukunft. Jede Lage enthält mehr als eine Entscheidungsmöglichkeit und damit Raum für das, was wir menschliche Freiheit nennen.

GIBT ES EINE ENTWICKLUNG VOM NIEDEREN ZUM HÖHEREN?

Die Sowjetideologie lehrt: Aus Satz und Gegensatz entsteht die Synthese, im Prozeß der Negation der Negation wird Stufe um Stufe eine höhere Ordnung erklommen. Die Triade ist der Takt des Fortschritts. Dabei erfolgt nach zuerst nur unbedeutenderen quantitativen Änderungen schließlich die wesentliche, die qualitative Änderung.

Zunächst heißt nun der Satz vom Umschlag der quantitativen Änderungen in qualitative – etwas schlichter ausgedrückt – nichts anderes als dies: Wenn sich eine Sache immer weiter ändert, geben wir ihr schließlich einen anderen Namen. So wie Ton unter den Händen eines Bildhauers endlich eine Plastik wird. Hier wird letztlich also lediglich ein Wandel der Form beschrieben. In der Ideologie des Sowjetkommunismus schleicht sich jedoch in den bekannten Prozeß ständiger Formänderungen – fast unmerklich – auch die Unterstellung einer Substanzänderung, eines Wertzuwachses dadurch ein, daß der für den Entwicklungsvorgang verwendete Begriff Fortschritt ihm – im sprachlichen Verständnis unzulässig –

eine moralisch qualifizierende Komponente einfügt. Der Bewegungsvorgang, den der Begriff Fortschritt eigentlich nur meint, enthält in sich aber noch keinen Qualitätsmaßstab, sagt noch nichts darüber aus, ob es sich grundsätzlich um eine Bewegung vom Niederen zum Höheren, vom Schlechteren zum Besseren handelt. Jede Entwicklung, jede Bewegung ist in sich wertfrei. Ob sie positiv – oder auch negativ – genannt wird, entscheidet ausschließlich das persönliche Urteil. Jeder Fortschritt, jeder Wandel ist zunächst wertneutral. Ob er gut oder schlecht ist, hängt allein von dem Maßstab ab, mit dem ich die eingetretene Änderung messe. D. h.: Die Bewertung alles Werdens und Vergehens ist eine Frage beliebig zu wählender Gesichtspunkte.

(Erläuternd: Die Entwicklung der wissenschaftlichen Atomforschung in den letzten Jahrzehnten ist sicherlich vom Standpunkt eines Arztes in vieler Hinsicht positiv zu werten: Mit den neugewonnenen strahlungstherapeutischen Methoden kann er Krankheiten heilen, die früher zu Siechtum oder Tod führten. Denken wir aber an die Folgen eines atomaren Krieges, so erhält diese wissenschaftliche Entwicklung dagegen erschreckende Züge.

Wer die Güte einer Gesellschaftsordnung allein danach mißt, wie weit die Produktionsmittel verstaatlicht sind, der kann den Kommunismus für die beste aller möglichen Gesellschaftsordnungen halten. Wer die Güte einer Gesellschaftsordnung jedoch prinzipiell danach mißt, inwieweit die von ihr betroffenen Menschen ihr zustimmen, dem stellt sich die Frage der glücklichsten Form menschlichen Zusammenlebens ganz anders, der wird das Heraufkommen der Diktatur des Proletariats sehr viel anders bewerten.)

Der gesamten kommunistischen Geschichtslehre, die angeblich nur wissenschaftlich objektiv beschreibt, welche gesellschaftlichen Folgen sich aus der fortschreitenden Produktionstechnik ergeben müssen, unterliegt ein subjektiver Wertmaßstab. Wenn Marx von einem in der Klassengesellschaft seinem Wesen entfremdeten Menschen spricht, so setzt er stillschweigend das Wissen um einen nichtentfremdeten Menschen voraus. So mißt er den wirklichen Menschen an einem imaginären Idealbild, an einer subjektiven Vorstellung darüber, wie der Mensch eigentlich ist und nach seiner Meinung sein könnte und sein sollte, ohne diesen eigentlichen Menschen jemals real erfahren zu haben oder gar den wissenschaftlichen Nachweis der Möglichkeit seiner Existenz führen zu können.

Letztlich bedeutet alle Entwicklung eigentlich nur eine Erweiterung der technischen Möglichkeiten. Nur in dem Maße, in dem von ihnen ein humanitärer Gebrauch gemacht wird, wird im allgemeinen Verständnis von einem Fortschritt mit positivem Wertgehalt gesprochen werden können. In diesem Sinne erscheint jedoch jeder Optimismus illusionär. Die moralische Qualität des Menschen hat sich nicht merkbar gewandelt. Die größeren Mittel der Wissenschaft und Technik dienen ihm – wie eh und je – zum Guten wie zum Bösen.

Es ist also eine unzulässige Unterstellung, Entwicklung grundsätzlich als Fortschritt in dem Sinne zu deuten, daß das Zukünftige auch immer besser ist als das Vergangene. Ein solcher falscher Sinngehalt des Begriffs Fortschritt begründet aber letztlich die sowjetkommunistische Morallehre, wonach das entscheidende Kriterium für gut oder böse ja in der Frage gipfelt, ob etwas der zukünftigen und schon deshalb angeblich besseren kommunistischen Gesellschaftsordnung dient oder schadet (wobei noch – wie bereits gezeigt – unzulässigerweise unterstellt wird, daß sie sich gesetzmäßig aus dem geschichtlichen Entwicklungsprozeß herausbildet). Die Basis der kommunistischen Moral ist also unhaltbar.

So sehr die sowjetkommunistische Fortschrittsideologie der Sehnsucht nach einer besseren Welt entgegenkommen mag, sie stellt sich dem kritischen Denken als eine Utopie dar. Einerseits vermag dieses utopische Zielbild zwar eine immense politische Dynamik auszulösen, zum anderen ist es jedoch der Titel, in dessen Namen das Recht der lebenden Generation auf ein menschenwürdiges Dasein schon im Hier und Heute negiert wird. Sie hat der neuen Gesellschaftsordnung, der kommenden Generation zu dienen, sie ist Sklave der Zukunft – einer Zukunft, die es nicht geben kann. Ihre Märchen beginnen: „Es wird einmal . . .“

Eine besondere Rolle in der sowjetideologischen Zukunftsvision spielt der „Mensch neuen Typus”. Dieser Mensch, nun ganz und gar von der kommunistischen Gesellschaftsordnung geprägt, soll der Herrschaft nicht mehr bedürfen, weil er das Richtige und Nötige aus eigener Einsicht tut. Er soll den Egoismus der auf Privateigentum gegründeten Gesellschaft abgestreift und das gemeinnützige Verhalten als bestimmendes Wesensmerkmal gewonnen haben. Auch er ist eine Utopie. Der Mensch, in der Lehre des Sowjetkommunismus vollends als ein Produkt seiner Umwelt definiert und begriffen, soll die ihm von der kommunistischen Gesellschaftsordnung nahegelegten gemeinnützigen Verhaltensweisen zu seinem eigentlichen Wesensmerkmal werden lassen.

Kein Zweifel, daß die Umweltverhältnisse einen Menschen und sein soziales Verhalten erheblich beeinflussen können. Immer aber wird sich dieser äußere Einfluß nur im Rahmen der angeborenen Anlagen, in der von seiner Konstitution abgesteckten Variationsbreite auswirken können. Moralität muß in jeder Generation neu erworben werden. Menschlicher Egoismus verschwindet nicht, wenn man ihm im Bereich des Ökonomischen – was durchaus möglich erscheint – das Betätigungsfeld beschneidet. Er sucht und findet dann andere Felder – nicht zuletzt in politischen Machtgelüsten.

Der gesetzmäßige Fortschritt vom Niederen zum Höheren, das Paradies der kommunistischen Gesellschaft ist eine Illusion, eine Utopie, für die sich in der bisherigen Menschheitsgeschichte keinerlei Ansatzpunkte oder gar Beweisgründe finden lassen.

WISSENSCHAFTLICHKEIT UND PARTEIDIKTATUR

Der Anspruch des Sowjetkommunismus auf das Recht zur uneingeschränkten Führungsgewalt baut auf der Behauptung auf, im Besitz jener wahren, wissenschaftlichen Erkenntnisse zu sein, die ihn befähigen, auch wider das subjektive Urteil objektiv die allein richtige Politik bestimmen zu können. Es erscheint deshalb zweckmäßig, das, was in der Sowjetideologie als „Wissenschaft“ gilt, noch näher zu untersuchen. Der Begriff einer wissenschaftlichen Aussage schließt im allgemeinen Verständnis in sich ein, daß sie

1. empirisch, 2. logisch und 3. provisorisch ist.

D. h.: Wissenschaftliche Aussagen müssen auf Erfahrung gründen, müssen im Geltungsbereich erprobt und nachprüfbar sein. Wissenschaftliche Aussagen müssen in sich folgerichtig und widerspruchsfrei sein. Wissenschaftliche Aussagen müssen schließlich rationaler Kritik offen sein und durch neue Erkenntnisse abgelöst werden können.

Erfüllt der Marxismus-Leninismus diese Voraussetzungen?
Wie wenig die Sowjetideologie auf tatsächlich gewonnener Erfahrung, sondern wesentlich auf Spekulation gründet, mag bereits aus dem Inhalt der vorstehenden Kapitel deutlich geworden sein. Die Erwartung, daß die Arbeiterschaft in ihrer Interessenlage zwangsläufig für ein revolutionär-antikapitalistisches politisches Konzept zu gewinnen sein muß, die Aussage, daß sich im Kapitalismus die Spannungen immer weiter steigern müssen, die Vision, daß das Ziel der Geschichte eine klassenlose Gesellschaft ist – all dies u. a. hat mit wissenschaftlicher Erfahrung nicht das geringste zu tun. Selbst das noch gültige Programm der KPdSU von 1961 spricht in seinem analytischen Teil von Verelendung und steigender Arbeitslosigkeit des Proletariats im absterbenden Kapitalismus, obwohl jede realistische Untersuchung das Gegenteil beweist. Der Marxismus-Leninismus arbeitet hauptsächlich mit einzelnen Beispielen, die einfach verallgemeinert werden, mit Vergleichen, die (wie das Eis–Wasser–Dampf–Modell) willkürlich aus dem Bereich der Naturwissenschaft in die Geisteswissenschaft, in die menschliche Gesellschaft übertragen werden. Außerdem kann selbst eine Vielzahl von Beispielen niemals schon die Allgemeingültigkeit einer Behauptung zweifelsfrei beweisen. Schließlich wird der Marxsche Materiebegriff – mißverstanden – aus der Ökonomie und Soziologie einfach auch zum bestimmenden Prinzip in den naturwissenschaftlichen Disziplinen gemacht.
Das System des Marxismus-Leninismus ist in sich auch logisch nicht widerspruchsfrei, wie das übernächste Kapitel erweisen wird.
Es versteht sich schließlich in keiner Weise provisorisch, obwohl gerade der Marxsche Denkansatz verlangt, ständig – der stetigen Entwicklung in der materiellen Basis entsprechend auch im geistigen Überbau – neuen Erkenntnissen offen zu sein. Die Grundthesen des Marxismus-Leninismus werden als Dogma verkündet, sie sind – wie tausendfältige Praxis lehrt – keiner Kritik zugänglich, höchstens der Selbstkritik.* So verhinderte die naturwissenschaftlich laienhafte Ansicht von Friedrich Engels, die Welt sei unbegrenzt in Raum und Zeit, zum Dogma erhoben, jahrzehntelang die Anerkennung Albert Einsteins. Wer seine Lehre vertrat, die eine Raum- und Zeitgrenze enthält und für die Möglichkeit einer Schöpfung – und damit eines Schöpfers – offen ist, wurde des ‚Einsteinismus' bezichtigt. Heute wird stillschweigend hingenommen, daß Naturwissenschaftler mit seiner Theorie arbeiten. Ähnliche Schwierigkeiten traten im Bereich der Kybernetik auf. Es bleibt

* Bei der Selbstkritik wird unterstellt, daß auch in jedem Menschen ein dialektischer Klassengegensatz besteht. Sie ist die Aufforderung, daß der bereits sozialistische Bewußtseinsteil mit dem noch vorhandenen alten kapitalistischen „Adam" ins Gericht gehen soll. Der Klassenkampf ist dabei also in die einzelne Person verlagert.

eben ein Risiko, ob „Computer-Gehirne" in ihren Rechenoperationen philosophische Axiome und ideologische Dogmen bestätigen. Der Marxismus-Leninismus aber setzt weltanschauliche Dogmen als Wahrheit, nicht wissenschaftliche Erkenntnisse. Der Marxismus-Leninismus wird also weder formal noch inhaltlich den Voraussetzungen echter Wissenschaftlichkeit gerecht. Vollends deutlich wird, was in der Sowjetideologie als Wissenschaft gilt, wenn ihre Rolle für die Parteiherrschaft betrachtet wird.

Lenin statuierte einfach, daß das Proletariat von sich aus nicht das richtige geschichtlich-politische Bewußtsein entwickeln, nicht zur „Wahrheit" gelangen könne, wenn es nicht von der Partei, genauer: einer autoritären Parteiführung geleitet würde. Ausschließlich diese Erklärung Lenins ist die Quelle des Dogmas, daß die Partei immer recht hat. Weitere Begründungen für den Führungsanspruch der Partei, etwa daß durch sie die politische Aktionseinheit der Arbeiterklasse gewahrt werden müsse, können ihre Führungsgewalt vielleicht aus taktischen Gesichtspunkten fordern, können jedoch nicht ihren Wahrheitsanspruch legitimieren. Die Erklärung Lenins ist nun aber unzweifelhaft keine wissenschaftliche Beweisführung. Es ist allzu durchsichtig, daß durch sie kein Wahrheitsbesitz begründet werden kann. Mit ihr wird Wahrheit illegitim usurpiert, um die begehrte Macht der Parteiführung mit dem Schein eines Rechts zu umgeben. Dennoch:

Die Partei beansprucht heute nicht nur, allein den angeblich bestimmten Ablauf des geschichtlichen Geschehens zu erkennen, sondern auch allein um die besonderen politischen Maßnahmen zu wissen, die zum Vollzug des historischen Entwicklungsganges der Menschheit in das Heil der kommunistischen Zukunftsgesellschaft erforderlich sind. Sie beansprucht, die wirklichen Interessen der Menschen wahrzunehmen – auch dann, wenn diese selbst ihre Interessen nicht in den Zielsetzungen der Partei sehen. Sie beansprucht, besser als die unmittelbar Betroffenen zu wissen, was zu ihrem Glück geschehen muß. Sie beansprucht generell, zum Glück der Menschen zu wirken, selbst wenn diese sich dabei unglücklich fühlen.

Wer in einem Staat sowjetkommunistischer Prägung nicht glücklich ist, in ihm seine Interessen nicht richtig wahrgenommen fühlt, dem sagt die Partei, daß dies Gefühl lediglich die Folge eines subjektiv falschen Bewußtseins ist, objektiv entspreche die kommunistische Politik seinem Glück, seinen Interessen. Er erkenne dies nur nicht.

Würde die Partei aber auf diesen Anspruch des Besserwissens verzichten, würde sie jedem einzelnen zugestehen, daß er entscheiden kann, was richtig, was falsch ist, müßte sie jedem die Chance geben, das politische Geschehen nach seinen vielleicht sehr persönlichen Vorstellungen effektiv mitzubestimmen. Ohne den Anspruch auf höhere Erkenntnis und tiefere Einsicht kann die kommunistische Führung nicht begründen, weshalb sie das Recht verweigert, daß jeder sich politisch frei äußern und bewegen kann.

Es ist deutlich: der wissenschaftlich nicht zu begründende Anspruch auf wissenschaftliche Wahrheit ist ein ideologisches Mittel zur Rechtfertigung der Herrschaft des Zentralkomitees. Zum Dogma erhoben und durch äußere Macht gestützt, ist es das Eingeständnis der Schwäche, in freier geistiger Auseinandersetzung echter wissenschaftlicher Kritik gegenüber diesen Anspruch nicht aufrechterhalten zu können.

Gleichzeitig wird deutlich, daß jeder, der die diktatorische kommunistische Partei- und Staatsführung anerkennt, damit sich selbst und anderen abspricht, politisch urteilsfähig, zur selbständigen Wahrnehmung seiner Interessen fähig zu sein. Die Mitgliedschaft in dieser Partei ist damit gleichbedeutend mit einer politischen Selbstentmündigung. Das Bekenntnis zum Sowjetkommunismus ist letztlich der Verzicht auf eine eigene politische Vernunft.

ENTSPRECHEN DIE MITTEL DER SOWJETKOMMUNISTISCHEN POLITIK DEN ZIELSETZUNGEN DER SOWJETKOMMUNISTISCHEN LEHRE?

Die oft rigorosen Methoden und repressiven Mittel sowjetkommunistischer Politik werden ideologisch mit der Zielsetzung einer friedlichen, klassenlosen Gesellschaft zu rechtfertigen versucht, in der der Mensch erst zu seiner wahren Menschlichkeit gelangen soll. Abgesehen davon, daß es generell unglaubwürdig wirkt, wenn jemand mit inhumanen Methoden ideale Ziele anzustreben vorgibt, wenn Unmenschlichkeit wahre Menschlichkeit erzeugen soll, so erweist sich bei kritisch-logischer Prüfung der leninistische Weg zum Aufbau einer klassenlosen Gesellschaft auch noch als ungeeignet.

Wir sind sicherlich gehalten, die Marxschen Hinweise auf die möglichen Auswirkungen großer wirtschaftlicher Machtballungen in den Händen einzelner gesellschaftspolitisch ernst zu nehmen. Wenn durch Akkumulation und Zentralisation des Kapitals nicht vertretbare soziale Folgen eintreten, schwerwiegende menschliche Abhängigkeitsverhältnisse entstehen und das Recht der Bürger, mit gleichen Chancen an der politischen Willensbildung mitzuwirken, ernsthaft gefährdet ist, so ist zweifellos Abhilfe vonnöten.

Diese Abhilfe kann aber nicht dadurch geschaffen werden, daß die wirtschaftliche Macht, die gesamten Produktionsmittel aus einigen privaten Händen in die Hände von einigen Staats- oder Parteifunktionären gelegt werden. Damit ist das Problem nicht gelöst, höchstens verlagert. Die wirtschaftlich Verfügungsgewaltigen sind ja nicht verschwunden, sondern nur andere geworden. Die abzulehnenden Abhängigkeitsverhältnisse sind nicht gelockert, sondern – verschärft! Denn der Staat hat zur politischen Befehlsgewalt nun auch noch zusätzlich die Macht erhalten, die sich aus der Verfügungsgewalt über die Produktionsmittel ergibt. Ihm gegenüber treten nun die menschlichen Abhängigkeitsverhältnisse in potenzierter Weise auf. Dieser Weg führt zur totalen Staatsgewalt und zum totalen Ausgeliefertsein des Bürgers an ihn.

Das Gegenargument, daß der kommunistische Staatsapparat nur vollzieht, was dem Gemeinwillen entspricht, ist weder durch seine Praxis zu belegen, noch entspricht es dem Dogma des demokratischen Zentralismus und der unbedingten Führungsrolle der Partei. Es gibt im kommunistischen Staat keine effektive, allgemeine öffentliche Kontrolle der Staatsführung. In Massengesellschaften können immer nur wenige die tatsächliche Staatsgewalt ausüben. Die Abhängigkeit ihnen gegenüber, das Maß der faktischen Unfreiheit des Bürgers ist deshalb um so größer, je mehr Macht in ihre Hände gegeben ist.

Das Problem wirtschaftlicher Macht, die sich in politische Macht verwandeln kann, wird logisch eher mit den Mitteln anzugehen sein, die in der Geschichte der Neuzeit auch gegen allzu große politische Machtkonzentrationen angewandt wurden: durch Gewaltenteilung, gegenseitige Kontrolle und Dezentralisation. Mit ihnen wurde die Machtvollkommenheit absolutistischer weltlicher Herrscher wirkungsvoll gebrochen und abgebaut.

Auf dem Gebiet der Wirtschaft verspricht eine Skala verschiedener Maßnahmen eine analoge Wirkung. Hierzu gehören etwa:

ein progressives Steuersystem, das die großen Einkommen schärfer besteuert als die mittleren und kleinen,

eine Antikartellgesetzgebung, die eine Marktkonkurrenz garantiert, in der sich die Großunternehmen in ihrer wirtschaftlichen Macht begrenzen,

Staatseigentum an Verkehrsanlagen, Atomwerken und erforderlichenfalls an weiteren elementaren wichtigen Wirtschaftseinrichtungen unter parlamentarischer Kontrolle,

einzelne Betriebe im Besitz der öffentlichen Hand, die gegebenenfalls preisbrechend gegen überhöhte Preise privater Produktionsstätten wirksam werden können,

eine gesellschaftliche Bindung von Wirtschaftsbetrieben in genossenschaftlichen und mannigfachen anderen, jeweils angemessenen Formen,

ein sinnvoller Ausbau des Mitbestimmungsrechts der Arbeitnehmer,

eine angemessene Beteiligung der Arbeitnehmerschaft an Betriebsgewinnen,

eine effektive Gewerkschaftspolitik,

ein Parteienfinanzierungsgesetz, das zumindest zur Offenlegung der Zuwendungen von Interessengruppen zwingt, und ähnliches mehr.

Mit ihnen könnte, falls nötig, eine gesellschaftliche Integration, ein Abbau von als unerträglich empfundenen Abhängigkeiten, eine unter Umständen weitergehende wirtschaftspolitische Mitbestimmung und Mitverantwortung angestrebt werden. Die Freiheit des Bürgers würde dabei erhalten und ausgebaut. Eine vollständige Verstaatlichung der Produktionsmittel dagegen erfordert ein zentrales Verwaltungswirtschaftssystem, benötigt, wenn es funktionieren soll, auch einen entsprechend zentral durchgebildeten politischen Herrschaftsapparat. Für den von Marx gewollten freien Bürger der klassenlosen Gesellschaft ist in ihm kein Platz, eine wirtschaftspolitische Mitbestimmung des einzelnen findet dabei nicht statt.

Wir können vielleicht davon ausgehen, daß die weitere Technisierung und Industrialisierung des Produktionsprozesses auch die Arbeitsteilung und Spezialisierung weiter steigert, daß damit auch die Bedeutung und Verantwortung des Arbeitnehmers wächst. Wir können annehmen, daß die Notwendigkeit seiner technologischen Ausbildung und allgemeinen Bildung stärker, daß ebenso dementsprechend die Forderung nach größerer Gewinnbeteiligung und stärkerer wirtschaftspolitischer Mitbestimmung lauter wird.

Alle Überlegungen hierzu, alle politischen Maßnahmen, die dieser Entwicklung gerecht werden wollen, alle Formen der Vergesellschaftung, die vielleicht nötig werden, sollten aber gerade den Zweck der von Marx vor über hundert Jahren vorgeschlagenen Vergesellschaftung nicht aus den Augen verlieren. Vergesellschaf-

tung war ihm nicht Ziel, nicht Selbstzweck, sondern Mittel zur Befreiung des Menschen aus ökonomischen Abhängigkeitsverhältnissen, die seine Würde, seine Selbstverantwortlichkeit bedrohten, sie war Zweck zur wirksamen demokratisch-politischen Selbstbestimmung der Menschen.
Im Ostblock ist bewiesen, daß dieses Ziel nicht durch das sowjetkommunistische Dogma von der Verstaatlichung zu erreichen ist. Die Sowjetgesellschaft ähnelt heute in manchen Punkten, vor allem im Maß der in ihr bestehenden Abhängigkeitsverhältnisse, dem von Marx gezeigten Modell der Klassengesellschaft mehr als die Gesellschaften der westlichen Industriestaaten.
Wer im Westen die Lösung sozialer Konflikte, die Integration der Arbeiterschaft in Staat und Gesellschaft noch nicht als geglückt oder vollzogen ansieht, der muß wissen, daß dies nicht in erster Linie daran liegt, daß sich noch Produktionsmittel in Privatbesitz befinden. Privatbesitz ist nur eine besondere Rechtsform der Verfügungsgewalt. Verfügungsgewalt, in welcher Form auch immer, kann aber kein Wirtschaftssystem entbehren. Zum Funktionieren des Wirtschaftslebens gehören Menschen, die Dispositionen treffen, andere, die Dispositionen ausführen. Zu beiden Gruppen gehören verschiedene Kenntnisse und Ausbildungsgrade. Die gesellschaftspolitische Problematik hat sich demgemäß von der Frage des Eigentums an den Produktionsmitteln auf die Fragen der Kontrolle und Besetzung der wirtschaftlichen Kommandostellen verlagert.
Heute bestehende Abhängigkeitsverhältnisse, existente Chancenungleichheiten sind nicht primär durch die wirtschaftlichen Eigentumsverhältnisse begründet. Sie haben ihre Ursachen in der allgemeinen Struktur moderner Wirtschaft, sind von ihrer notwendig funktionalen und bürokratischen Hierarchie, sind von den verschiedenes Fachwissen erfordernden Entscheidungskompetenzen bedingt. Die Lösung dieser Problematik – die in jeder modernen Industriegesellschaft, unabhängig von ihren Eigentumsverhältnissen, auftritt – ist nicht mit alten Rezepten zu finden. Sie bedarf neuer geistiger Anstrengungen.
Das sowjetkommunistische Dogma der allgemeinen Verstaatlichung der Produktionsmittel verwechselt jedenfalls ein Mittel, das früher einmal geeignet erscheinen mochte, mit der Zielsetzung einer Befreiung des Menschen, die damit nicht erreicht werden konnte.

IST DER MARXISMUS-LENINISMUS EIN IN SICH WIDERSPRUCHSFREIES SYSTEM?

Die Kommunisten behaupten, der Marxismus-Leninismus sei Wissenschaft. Sie lehren, nur dialektisch-materialistisches Denken sei richtig. Damit sind auch die Methoden der Kritik festgelegt, wenn sie einem überzeugten Kommunisten gegenüber erfolgreich sein will. Sie muß entweder den Anspruch der Wissenschaftlichkeit zurückweisen oder den Kommunisten immanent, von seinem eigenen Selbstverständnis ausgehend, kritisieren: mit einer dialektisch-materialistischen Argumentation.
Das Letztere ist auf eine doppelte Weise möglich:

Entweder wird aufgezeigt, wie die Praxis der kommunistischen Politik der Sowjetideologie widerspricht, oder es werden Thesen, die unabdingbar zur kommunistischen Überzeugung gehören, miteinander konfrontiert, um ihre eigene Widersprüchlichkeit nachzuweisen.

Bei der Prüfung, inwieweit sich sowjetkommunistische Theorie und Praxis entsprechen, drängt sich sicherlich zunächst die Frage auf, inwieweit der Fundamentalsatz des Marxismus-Leninismus, daß letztlich das gesellschaftliche Sein das Bewußtsein bestimmt, mit den ungeheuren und umfassenden Anstrengungen des Sowjetstaates auf dem Gebiet der politischen Propaganda und Schulung in Übereinstimmung gebracht werden kann. Wenn das politische Bewußtsein tatsächlich wesentlich von der objektiven gesellschaftlichen Lage abhängig ist, dann können Änderungen des Bewußtseins grundsätzlich auch nur durch Wandlungen in der materiellen Basis erreicht werden, und alle ausschließlich geistigen Beeinflussungen wären sinnlos. Wenn sich die sowjetkommunistische Propagandatätigkeit eine Wirkung verspricht, dann unterstellt sie eigentlich bereits, daß das menschliche Bewußtsein nicht nur von den jeweiligen Produktionsverhältnissen bestimmt wird.

Stalin hatte, angesichts des offensichtlichen Mangels an sozialistischem Bewußtsein trotz sozialistischer Ordnung der materiellen Basis, versucht, diesem Dilemma durch einige Thesen von der aktiven Rolle des Überbaues zu steuern und damit den parteilichen Propaganda- und Schulungsmaßnahmen eine Berechtigung zu geben. Er hatte damit aber auch gleichzeitig zu erkennen gegeben, daß die These von der Bestimmung des Bewußtseins durch das gesellschaftliche Sein, auf deren genereller Gültigkeit ja praktisch der historische Materialismus aufbaut, nur in bestimmten Grenzen gültig sein kann. (Marx und Engels waren sich dessen bewußt.*) Die hilfsweise angebotene Erklärung, daß in den sogenannten Volksdemokratien das – z.T. noch bürgerliche – gesellschaftliche Bewußtsein hinter dem bereits erreichten sozialistischen Seins-Zustand hinterherhinke, ist lediglich der Versuch einer mageren Entschuldigung dafür, daß offensichtlich die herrschende politische Ordnung in der Bevölkerung nicht die erwünschte Zustimmung findet.

Wie sich bestimmte Thesen im Marxismus-Leninismus selbst widersprechen, ergibt sich aus einer Gegenüberstellung der Marxschen Aussage, daß jede Ideologie die Interessen einer bestimmten Gruppe vertrete, mit dem Leninschen Dogma vom „demokratisch-zentralistischen“ Aufbau von Partei und Staat im Sowjetkommunismus.

Marx konstatierte, daß (wie der politische Konservatismus das Anliegen der wirtschaftlich Besitzenden vertritt und die politisch fortschrittlichen Ideen der Lage der ärmeren Schichten entsprechen) ganz allgemein in jeder Ideologie ein bestimmtes Interesse Ausdruck findet. Die Lehre von Karl Marx sah ihre innere Rechtfertigung in diesem Sinne auch eben darin, daß sie bewußt die Interessen der

* Engels schreibt am 21./22. 9. 1890 an Bloch: „. . . Nach materialistischer Geschichtsauffassung ist das in letzter Instanz bestimmende Moment in der Geschichte die Produktion und Reproduktion des wirklichen Lebens. Mehr haben weder Marx noch ich je behauptet. Wenn nun jemand das dahin verdreht, das ökonomische Moment sei das einzig bestimmende, so verwandelt er jeden Satz in eine nichtssagende, abstrakte, absurde Phrase.“ (MEW 37, S. 463)

breiten arbeitenden Schichten formulierte und für sie den geschichtlich notwendigen Fortschritt forderte. Er sollte schließlich aus der von Marx geforderten geistigen Selbstbesinnung und politischen Aktion des Proletariats hervorgehen. Der frühe Marxismus ist in diesem Sinne direkte ideologische Interessenvertretung des Proletariats. Sie, die Proletarier, sind die von ihm unmittelbar Aufgerufenen. Sie, die Proletarier, sind in seiner Lehre die aktiv Handelnden, die Subjekte des politischen Geschehens, das die entscheidende geschichtliche Wende bringen soll. Lenin meinte dagegen später, das Proletariat sei nicht fähig, von sich aus zu revolutionärem, sozialistischem Bewußtsein zu gelangen. Es könne seine Interessenlage nicht richtig einschätzen, es denke nur gewerkschaftlich und daher geschichtlich rückständig. Die Vermittlung des politisch richtigen Bewußtseins, die Bestimmung einer der Lage wirklich entsprechenden politischen Aktion sei allein der Avantgarde der Kommunistischen Partei, ihrer Führung, möglich. Das Proletariat bedürfe also der Anleitung von oben, die in dem demokratisch-zentralistischen Aufbau der Partei Ausdruck findet. Dieser Grundsatz, in London 1903 durchgesetzt, verpflichtet seitdem jeden Kommunisten, jeden Bürger eines sowjetkommunistischen Staatswesens, den politischen Führungsanspruch anzuerkennen. Wer die unbedingte Autorität der Parteispitze im nationalen Rahmen und die Führungsrolle Moskaus in der internationalen Politik nicht anerkennt, gilt als Häretiker, als Abweichler, der die Aktionseinheit der Arbeiterklasse schwächt und damit schließlich nur die Geschäfte des Klassenfeindes betreibt. Die Bereitschaft, sich bedingungslos dem Willen der Parteiführung zu unterwerfen, ist die entscheidende (die Gretchen-)Frage des Sowjetkommunismus, seitdem Lenin der Marxschen Lehre das Prinzip des demokratischen Zentralismus eingefügt hat.

Stellen wir nun nach dieser Ergänzung Lenins der Sowjetideologie die alte Marxsche Frage: Welche Interessen werden von ihr wahrgenommen? Ist diese Lehre in dieser Form Ausdruck der Meinung des tatsächlichen Proletariats? Keineswegs. Dem Proletariat hat Lenin ja die Fähigkeit, zum richtigen politischen Bewußtsein zu gelangen, und damit das Recht, sich unmittelbar politisch-ideologisch zu interpretieren, abgesprochen. Vertritt diese Lehre die Interessen des wirklichen Proletariats? Die Partei behauptet es, sofern sich jedoch jemand einfallen lassen sollte, seine Interessen nicht in der Politik der Parteiführung vertreten zu sehen, so bedeutet das für ihn praktisch die politische Ächtung. Jedenfalls wird ihm bei der zentralistischen Parteistruktur keine effektive Möglichkeit eingeräumt, mit seiner Meinung, seinem Willen durchzudringen. Er hat schlicht zu gehorchen, Parteidisziplin zu üben. Die Parteiführung hat sich gegen alle Willensäußerungen von unten mit der These abgeschirmt, daß die Masse politisch nicht richtig denken könne. Welche Interessen vertritt also diese Lehre? Ausschließlich das uneingeschränkte Machtinteresse der Parteispitze!

Das Leninsche Dogma vom demokratischen Zentralismus hat die Marxsche Lehre verwandelt von einer ideologischen Interessenvertretung der breiten Masse in ein Instrument der Machtbehauptung der sowjetkommunistischen Führungsgremien. Die heutige Sowjetideologie verteidigt die sowjetkommunistische Herrschaft gegen die Beherrschten, sie vertritt den Besitz der Führungspositionen und die Erhaltung des bestehenden Regimes. Sie ist also mit dieser ihrer funktionalen Wirkung nun-

mehr eine konservative Ideologie geworden. Konservatives Denken und Handeln aber ist im Sinne des Marxismus-Leninismus falsches Denken und Handeln. Die kommunistische Lehre ist heute Instrument der zur Herrschaft gelangten Kommunistischen Partei, sich der unmittelbaren politischen Mündigkeit der Bürger zu erwehren. Sie verwehrt ihnen das Selbstbestimmungsrecht. Die Sowjetideologie steht nicht mehr fortschrittlich-links, sondern reaktionär-rechts.
Die Frage, wer darüber befindet, was politisch richtig ist, führt so jeden Kommunisten in ein letztlich unauflösliches Dilemma:
Nimmt er in Anspruch, das selbst entscheiden zu können, so verstößt er gegen die Parteidisziplin, so läuft er Gefahr, des Individualismus, der Besserwisserei usw. geziehen und deswegen u. U. zur Rechenschaft gezogen zu werden. Zudem begibt er sich der Begründung, weshalb an der Partei und ihrer Führung keine Kritik erlaubt ist, weshalb, wenn der Bürger allgemein über die politische Vertretung seiner Interessen selbst entscheiden kann, keine freien Wahlen mit programmatisch verschiedenen Parteien gewährt werden.
Zieht er es jedoch vor, der Partei das Wort zu reden, ihr die bessere, die alleinige Einsicht zuzuschreiben, so hat er sich selbst die Urteilsfähigkeit abgesprochen. In diesem Fall hätte er sich selbst bescheinigt, für uns kein richtiger Gesprächspartner sein zu können.

DAS MENSCHENBILD DES MARXISMUS-LENINISMUS

Wir sind es gewohnt, das Stärkeverhältnis zwischen Ost und West in Zahlen zu messen. Wir vergleichen: die Anzahl der Divisionen und Atombomben, die Förderziffern von Kohle und Öl, die Reichweite von Raketen und Flugzeugen, die Größe der Stahl- und Energieerzeugung, die Ernteerträge und die Kopfzahl der Bevölkerung.
Ein zuverlässiger Maßstab zur Entscheidung der Frage, welches der beiden politischen Systeme auf die Dauer als durchsetzungskräftiger, welche Organisationsform als zukunftsträchtiger gelten darf, kann jedoch möglicherweise aus dem Vergleich der Menschenbilder gewonnen werden, die ihren Unterschieden entsprechend auch die Ordnungen und deren Entwicklung in Ost und West verschieden bestimmen. Politisches Bemühen zielt seiner Natur nach auf eine menschenwürdige Gestaltung der menschlichen Lebensgemeinschaft. Wirtschaftspolitik will die bestmögliche Befriedigung der materiellen Bedürfnisse der Menschen, Sozialpolitik will die Gesellschaft menschlich gestalten usw. Mit anderen Worten: Jede Politik geht von einer bestimmten Vorstellung darüber aus, welche gesellschaftliche Organisation den menschlichen Bedürfnissen entspricht, welche Ordnung seinem Wesen gerecht wird, was dem Menschen gemäß, was seiner würdig ist. Jeglichem politischen Bestreben liegt also ein bestimmtes Menschenbild zugrunde.
Auf Dauer wird sich nun sicherlich das politische System als das beständigste erweisen, das der Natur des Menschen am nächsten kommt, dessen Bild vom Menschen seiner Realität entspricht. Wo das der Fall ist, wird die Ordnung von den Menschen mitgetragen, werden Gesetze und Maßnahmen am besten erfüllt

werden können. Dort, wo der Mensch sich mit dem menschlichen Leitbild des politischen Systems identifizieren kann, wird er zu ihm stehen, wird er als Bürger auch Bürge seiner ihm gemäßen Lebensordnung sein können. Wo das nicht der Fall ist, dort kommt es zum Konflikt, zu Spannungen zwischen Mensch und Ordnung, zu revisionistischen oder schließlich zu revolutionären Tendenzen. Ein richtiges Menschenbild wirkt als Zement, ein falsches als Sprengstoff. Hier liegt die Bedeutung des Menschenbildes in der Ost-West-Auseinandersetzung.

Unter diesem Gesichtspunkt sollen deshalb noch einmal die Aussagen des Marxismus-Leninismus über den Menschen und seine Bestimmung zusammengefaßt und überprüft werden. In der Darstellung wurden bereits die verführerischen Seiten angesprochen. Es muß gesehen werden, daß die Sowjetideologie dem von ihr Überzeugten eine Deutung dieser Welt zu geben vermag. Sie stellt das Leben der Menschen in einen bestimmten Sinnzusammenhang, weist ihnen in der Geschichte eine Aufgabe zu. Sie spricht die Sehnsucht nach idealen Formen menschlicher Gemeinschaft an und verspricht Erfüllung. Sie kann sicherlich manche Aktivitäten freisetzen.

All das beleuchtet aber nur eine Seite. Eine zweite gehört dazu. Sie muß hier nachgetragen werden. Zu ihrer Vergegenwärtigung ist zunächst noch einmal das sowjetkommunistische Weltbild heranzuziehen.

Der Kommunist lebt in einer atheistischen Welt, in einer Welt ohne Gott. Die Welt ist ewig, sie hat keinen Anfang, kein Ende. Sie ist nie geschaffen, es gibt keine Schöpfung, keinen Schöpfer. Ewig ist die Materie, allgewaltig das in ihr wirkende dialektische Entwicklungsgesetz. Der Mensch ist die höchste Organisationsstufe dieser dialektisch immer höher entwickelten Materie.

Alle Menschheitsgeschichte ist Klassenkampf, wobei jeweils die ausgebeutete Klasse die zukünftige, die bessere, die sozial höhere Gesellschaftsordnung vertritt und revolutionär durchzusetzen hat. Da das Geschick des Menschen im wesentlichen an das Schicksal seiner Klasse gebunden ist, ist sein Hauptwesensmerkmal die Zugehörigkeit zu seiner Klasse.

Da die Produktion der zum Leben der Menschen nötigen Güter gesellschaftlich vorgenommen wird, ist der Mensch – von der seine Existenz bestimmenden Arbeit her gesehen – gesellschaftliches Wesen.

In unserer Zeit beansprucht die sowjetkommunistische Partei, Führer der ausgebeuteten Klasse zur besseren, höheren Gesellschaftsordnung zu sein. In ihr zu dienen, ist damit der Mensch verpflichtet. Da die Partei beansprucht, ihre Entscheidungen aus dem Besitz der wissenschaftlichen Wahrheit über den Lauf der Welt und die Aufgabe des Menschen darin zu treffen, ist sie für alle Menschen gleichzeitig oberster Richter über wahr und falsch, gut und böse, ersetzt ihre kollektive Gewalt das individuelle Gewissen.

Der Mensch ist ein Produkt seiner Umwelt. Es gilt daher, die Umwelt zu ändern, um ihn zu ändern. Er hat nicht das Recht, der zu sein, der er ist, sondern die Pflicht, der zu werden, der er nach Ansicht der Partei werden kann. Der Wert des einzelnen Menschen ist also bestimmt durch seinen Dienst für den Sowjetkommunismus.

Wird dieses Menschenbild der Wirklichkeit des Menschen gerecht? Entspricht diese Definition des Wesens des Menschen seiner wahren Natur? Kann der Mensch sich so begreifen? Diese Fragen stellen, heißt sie verneinen. Der Mensch ist nicht nur ein gesellschaftliches Wesen, er begreift sich auch als Individuum.

Der Mensch ist nicht nur Angehöriger seiner Klasse. Besitz oder Nichtbesitz von Produktionsmitteln allein bezeichnet nicht die Ganzheit der natürlich empfundenen Interessenlage, die das gesellschaftliche Verhalten des Menschen bestimmt. Zum Menschen gehört auch, daß er außerhalb ökonomischer Interessen denkt und handelt. Der Mensch ist nicht nur Kapitalist oder Proletarier. Er lebt in einer Vielfalt gesellschaftlicher Beziehungen. Als Mitglied oder Funktionsträger eines politischen, kirchlichen, kulturellen oder sportlichen Verbandes ist in diesem Bereich ein „Kapitalist" einem „Proletarier" untergeordnet, ein „Proletarier" einem „Kapitalisten" übergeordnet. In vielen Bereichen spielen die sozialen Besitzverhältnisse gar keine Rolle.

Der Mensch ist nicht nur Exekutor einer determinierten geschichtlichen Entwicklung. Geschichte ist immer auch Folge eines von der wirtschaftlichen Interessenlage unabhängigen menschlichen Entschlusses.

Der Mensch ist nicht nur als homo oeconomicus zu begreifen. Zu ihm gehören auch die Grunderfahrungen von Liebe und Tod.

Der Mensch ist nicht nur ein Produkt von Umweltbedingungen. Bestimmte Wesenszüge sind nicht wandelbar, seine ethische Substanz bleibt unveränderlich.

Der Mensch kann sich nicht zu dem Pessimismus verstehen, daß heute nur die kleine Gruppe der kommunistischen Parteiführer richtig denken und handeln kann.

Der Mensch kann ebensowenig den Optimismus ernst nehmen, daß zukünftig alle Menschen (ebenso) richtig denken können und auch handeln werden.

Der Mensch kann nicht glauben, daß Wahrheit durch Macht entschieden und jeweils anders entschieden werden kann. Die Macht kann seine Frage nach dem Ursprung der Welt und dem Gesetzgeber der Naturgesetze nicht beantworten.

Der Mensch ist nicht darauf angelegt, nur Mittel zum Zweck, nur Funktionär eines fremden Willens zu sein. Er beansprucht, selbst über gut und böse zu entscheiden. Er will das Recht auf eigenes Denken ebenso wie auf ein eigenes Gewissen.

Wesentliche Elemente der menschlichen Natur werden im Menschenbild des Marxismus-Leninismus geleugnet. Der Mensch der Sowjetideologie ist ein des eigentlich Menschlichen amputierter Mensch. Und die Frage, die über das Schicksal der Sowjetmacht entscheiden wird, heißt: Kann der Mensch vom Sowjetstaat dem ideologischen Bild entsprechend umgemodelt werden, oder wird das unwandelbar Menschliche die staatliche und gesellschaftliche Ordnung im Osten verwandeln? Wir sind Zeugen eines der größten politischen Experimente der Weltgeschichte.

Es gibt aber in diesem Versuch bereits eine Reihe von Indizien, die seinen Ausgang erahnen lassen. Die mit dem XX. Parteitag der KPdSU im Februar 1956 beginnende Entstalinisierung des Sowjetsystems setzte ein erstes entscheidendes Zeichen. Für die Spitze der Sowjetmacht bedeutete sie die Modernisierung ihrer Führungstechnik, eine Anpassung des Herrschaftssystems an die Bedingungen der modernen Industriegesellschaft. Die wachsende Bedeutung des Managements verlangt eine Dezentralisation der staatlichen Wirtschaftslenkungskompetenzen. Die Steigerung der Produktivität macht eine Befreiung der Eigeninitiative von bürokratischen Fesseln, Konzessionen an die „materielle Interessiertheit", ein Nachgeben an Konsumwünsche erforderlich.

Ideologisch können diese Veränderungen im System sogar damit begründet werden, daß die inzwischen vollzogene Entwicklung der materiellen Basis auch eine entsprechende Wandlung im Überbau, hier im politischen Führungsstil, bedinge. Etwa nach dem Motto des XX. Parteitages der KPdSU: Stalin hatte es zu seiner Zeit noch weitgehend mit einer verarmten Landbevölkerung zu tun, mit technischen (und anderen) Analphabeten, denen exaktes, pünktliches, zuverlässiges technisches Arbeitsverhalten fremd war, die darum notfalls mit rigorosen Mitteln angehalten werden mußten, die Voraussetzungen einer sozialistischen Gesellschaft zu schaffen, die Industrialisierung nämlich. Daß deshalb Stalin zwar für seine Zeit als großer Sowjetführer anerkannt werden könne, daß aber die stalinistischen Methoden nun, da die Sowjetunion ein nahezu reifer Industriestaat mit erheblich gewachsenem allgemeinem Bildungsstand sei, nicht mehr vertretbar erscheinen.

Dies mochte hingehen, obwohl die Verstoßung Stalins vor allem in der Partei einen tiefen Schock auslöste. Die Bevölkerung atmete schließlich auf. Sie empfand die mit der Entstalinisierung zusammenhängenden Maßnahmen als Befreiung von einem unerträglichen terroristischen Druck, als größeren Respekt vor dem Individuum, als ein Einlenken auf ihren Wunsch nach größerer „Gesetzlichkeit". Als dann aber auf dem XXII. Parteitag Stalin für die Liquidierung unschuldiger Opfer verantwortlich gemacht wurde, hieß doch die Frage: Wie ist es möglich – wenn die Gesellschaftsordnung den Menschen und sein Verhalten prägt –, daß die sozialistische Sowjetunion einen solchen Menschen als ihren Führer hervorbrachte? Wie ist es möglich – wenn das sowjetkommunistische System „wahre Demokratie" ist –, daß Stalin jahrzehntelang nicht zur Rechenschaft gezogen werden konnte? Es ist kaum anzunehmen, daß jemals wieder einem Sowjetführer blind vertraut wird. Der Glaube an die Weisheit und Integrität der Führung ist erschüttert worden. Es hat sich gezeigt, daß auch die Führer des sozialistischen Lagers nur Menschen sind – Menschen, die irren können. Erschüttert ist auch die These, daß es in einer sozialistischen Gesellschaftsordnung nur nichtantagonistische Spannungen gibt, wonach ihr revolutionäre Erscheinungen erspart und die stetige evolutionäre Fortentwicklung garantiert sein müßte. Hier sprechen der 17. Juni 1953 in der DDR, die Vorgänge im Sommer und Herbst 1956 in Polen und der Aufstand im Oktober-November 1956 in Ungarn eine beredte Sprache.

In einigen Ländern des Westens dagegen, etwa den skandinavischen, ist belegt, daß der angeblich antagonistische Gegensatz zwischen „Kapital" und „Arbeit" durch Reformen abgebaut und ausgeglichen werden kann. Wie steht es schließlich grundsätzlich mit der Klassenlage in einer Gesellschaft, in der die industriellen Manager mehr und mehr Angestellte und die Arbeiter mehr und mehr Aktienbesitzer werden?

Auch in der Sowjetunion weiß man inzwischen, daß die Arbeitsteilung in der modernen Wirtschaftswelt unaufhebbar ist. Wie soll dann aber eine klassenlose Gesellschaft entstehen können, wenn – nach Karl Marx – solange eine Klassenherrschaft existiert, wie es Leute gibt, die Dispositionen zu treffen befugt sind, und andere, die derartige Dispositionen auszuführen haben?

In den kommunistischen Staaten ist man zumeist nach wie vor gezwungen, die Bevölkerung von anderen als kommunistischen Informationsquellen abzukapseln, um sie nicht „kapitalistischen Einflüsterungen" auszusetzen, die ihr sozialistisches Bewußtsein (und damit die Herrschaft der KP) gefährden könnten. Wie soll diese Isolierung auf Dauer gegen die immer mehr die Grenzen überspringende Technik der publizistischen Massenmedien, ja selbst nur gegen wachsende Touristen-Ströme aufrechterhalten werden? Wie steht es überhaupt für die kommunistische Weltbewegung mit Wahrheit und Wissenschaftlichkeit der Lehre, wenn sie von Moskau und Peking zwar gleichzeitig, aber – in offener Feindschaft – für unterschiedliche politische Thesen in Anspruch genommen werden?
Wie will es die SU vermeiden, daß sich, der zunehmenden Unterscheidung der Interessen der kommunistischen Länder entsprechend, der internationale Kommunismus in mancherlei nationale Kommunismen differenziert, die Satelliten sich emanzipieren?
Was bedeutet es, wenn die kommunistischen Parteien Italiens, Frankreichs und anderer Länder Maßnahmen Moskaus kritisieren?
Was sagt es aus über die Zukunftschancen des Marxismus-Leninismus, wenn seine heutige Ausprägung in den Ostblockstaaten von jungen Studenten und Sozialisten in aller Welt als konservativ, autoritär, verbürokratisiert und inhuman abgetan wird? Welche Sehnsucht die Menschen in einer Gesellschaft von sowjetkommunistischem Muster nach einer „Humanisierung" des Systems empfinden, das belegte 1968 die begeisterte Zustimmung des tschechoslowakischen Volkes für den Weg der Reformer. Und wie sehr die Kreml-Führung die Ansteckungsgefahr eines solchen Versuches fürchtet, das beweist ihre militärische Intervention vom 21. August 1968.
Gegen die „schleichende Konterrevolution" (Neues Deutschland) mußten die SU, Polen, Ungarn, Bulgarien und die DDR „brüderliche sozialistische Hilfe" leisten. Es wächst die Erfahrung, daß es sich bei den dialektisch-materialistischen Denkkategorien häufig – allzu häufig – nur um bestimmte Begriffsformalismen handelt, in die eine ganz andersgeartete Wirklichkeit hineingepreßt wird. Es hat sich gezeigt, daß die Menschen auch im Sozialismus nur Menschen sind.
Die Entwicklung im sowjetischen Machtbereich nach dem Tode Stalins hat erwiesen, daß auch das Sowjetsystem den Anpassungszwängen der industriegesellschaftlichen Entwicklung unterliegt, die gegenüber dem ideologischen Dogma ihr Eigengewicht ebenso beanspruchen wie die Besonderheiten der historischen Tradition und des gesellschaftlichen Bewußtseins in den verschiedenen Staaten des sozialistischen Lagers. In dem sich vollziehenden Umstrukturierungsprozeß schlagen die nationalen und individuellen Interessenlagen wieder durch. Die Völker erstreben – wie eh und je – Unabhängigkeit und Souveränität. Die Menschen wünschen – wie eh und je – privates Eigentum und individuelle Rechte. So ist das einst monolithische kommunistische System Stalins zerfallen; für den Zusammenhalt der Staaten des Warschauer Paktes muß die Sowjetunion wohl beinahe die gleiche Mühe aufwenden wie sie andererseits für die Funktionsfähigkeit der NATO vonnöten ist. So hat sich die Vision vom „neuen Menschen" in mühsame pädagogische Kleinarbeit umgesetzt. Die moderne Produktionswelt führt – unter ähnlichen

Bedingungen in Ost und West – zu ähnlichen menschlichen Verhaltensweisen. So hat der revolutionäre Elan der Ideologen den harten Realitäten der Wirtschaft Rechnung tragen müssen. Je höher der Stand der Industrialisierung – so zeigt sich hier wie dort –, um so flacher wird die Kurve der Produktionssteigerung. Die Zielsetzung eines baldmöglichen Ein- und Überholens des westlichen Lebensstandards hat sich deshalb in immer länger währende Planungsetappen verlagert. Wissenschaft und Forschung, sofern sie erfolgreich sein sollen, können – hüben und drüben – nicht an Dogmen gebunden werden; der für die Industriegesellschaft erforderliche Bildungsstand will geistigen Bewegungsraum. So sucht die Partei ihren Weg heute zwischen der Erhaltung ihrer uneingeschränkten Autorität und dem zur Erfüllung ihrer ehrgeizigen Pläne nötigen Verzicht auf Macht.

Die Konstitution des Menschen ist härter als die Konstruktion der Gesellschaft. Selbst ein jahrzehntelanges Leben im Sowjetsystem, das sich mit allen Mitteln bemüht, bis in den intimsten Bezirk hinein wirksam zu werden, kann augenscheinlich nicht zum Verzicht auf jene Elemente des menschlichen Wesens nötigen, die Rosa Luxemburg in dem Satz erfaßt hat, Freiheit sei immer die Freiheit des Andersdenkenden. Und je mehr der Technisierungs- und Industrialisierungsprozeß im Osten auch den geistigen Bildungsprozeß der breiten Bevölkerungsmassen vorantreibt, um so stärker wird die sowjetkommunistische Staatsgewalt sich auch mit der Besinnung des Menschen auf das eigentlich Menschliche auseinandersetzen müssen. Um so wahrscheinlicher wird der humanistische Marxsche Denkansatz den Zynismus kommunistischer Machtpolitik in Frage stellen.

ZUSAMMENFASSUNG

Die Hauptthesen des Marxismus-Leninismus sind falsch:

1. Die gesellschaftliche Entwicklung ist gesetzmäßig nicht bestimmbar.
2. Es gibt keine naturgesetzliche Entwicklung von qualitativ schlechteren zu qualitativ besseren Ordnungen.
3. Der Marxismus-Leninismus erfüllt nicht den Anspruch der Wissenschaftlichkeit. Die Einparteiherrschaft ist nicht zu rechtfertigen.

Ferner:

4. Die Mittel der sowjetkommunistischen Politik sind nicht geeignet, den vorgegebenen Zweck einer klassenlosen Gesellschaft freier Menschen zu erreichen.
5. Der Marxismus-Leninismus ist in sich widersprüchlich.
6. Das Menschenbild des Marxismus-Leninismus entspricht nicht der Wirklichkeit des Menschen.

SCHLUSSFOLGERUNGEN

Gewiß hat die wissenschaftliche Kritik am Marxismus-Leninismus eine Grenze ihrer Wirksamkeit. Dort, wo diese Lehre an der Stelle eines religiösen Bekenntnisses steht, oder dort, wo allein politische Macht entscheidet, wird das rationale Argument seine Schlagkraft einbüßen. Dennoch: die geistige Auseinandersetzung ist der Platz, an dem gekämpft werden darf. An dem wir kämpfen können und müssen. Denn die Kampfform des Kommunismus ist gerade im Zeichen der friedlichen Koexistenz der „ideologische Kampf". In dieser Auseinandersetzung müssen wir imstande sein, den Absolutheitsanspruch des Marxismus-Leninismus zurückzuweisen. Sind wir dazu nicht fähig, verlieren wir die Möglichkeit, unsere eigene demokratisch-pluralistische Gesellschaft, die sich als sozialer Rechtsstaat organisiert hat, als überlegenes politisches System zu verteidigen.

Können wir dagegen widerlegen, was der Kommunist für eine wissenschaftlich bewiesene Tatsache erklärt, so ist etwas Entscheidendes geschehen. Die Auseinandersetzung findet dann auf einer gleichen Ebene statt. Der Mann aus dem anderen Lager steht nicht mehr auf dem Podest der Wissenschaftlichkeit, der Mann aus unserer Welt steckt nicht mehr im Sumpf des Aberglaubens oder einer falschen Ideologie. Sie stehen nun auf gleicher Ebene. Beide haben eine persönliche Meinung, deren letzter Wahrheitsbeweis menschenunmöglich bleibt.

Können wir nachweisen, daß der kommunistische Staat nicht im Besitz der Wahrheit ist, so kommt das einem Politikum gleich. Das Machtmonopol der kommunistischen Partei verliert seine theoretische Begründung, zurück bleibt eine Machtapparatur ohne innere Rechtfertigungsmöglichkeit.

Ein Staat nämlich, der nicht im Besitz der Wahrheit ist, kann der Wahrheit nur dienen, indem er die Freiheit gewährt, sie zu suchen. Und zwar jedem seiner Bürger. Wahrheit mißt sich dann nicht mehr an der Übereinstimmung mit der Staatsideologie, sie entscheidet sich dann im Gewissen des einzelnen. Die politische Gewalt bestimmt dann nicht mehr den Wert des Menschen, sondern alles Politische hat sich vor dem Menschen zu rechtfertigen. Politik ist dann nicht mehr der Vollzug eines „Gesetzes", sondern wird „eine Funktion der öffentlichen Meinung".

Dies ist ja der elementare Unterschied zum Einparteienstaat: In der demokratischen Ordnung wird keiner weltlichen Instanz der Besitz einer höheren Wahrheit zuerkannt. Die Parlamente entscheiden nicht, was Recht ist, sondern was als Recht gelten soll. Die Demokratie versteht sich als Ordnung, die der Wahrheitsfindung offensteht. Fortschritt ist in ihr nicht durch den revolutionären Akt einer angeblich berufenen Minderheit zu begründen, sondern durch die Möglichkeit einer permanenten Evolution nach dem Willen der Mehrheit.

Wenn Freiheit aber nur dort sinnvoll erscheint, wo die Frage nach der Wahrheit unentscheidbar ist, so werden wir diese unsere Freiheiten auch nur solange mit Recht in Anspruch nehmen und behaupten können, wie wir geistig in der Lage sind, den absoluten Wahrheitsanspruch einer politischen Lehre zurückzuweisen und solange wir auch politisch willens sind, Kräfte, die, einmal zur Macht gelangt, ihre Wahrheit verbindlich dekretieren würden, in ihre Schranken zu weisen. Diese Aufgabe ist in die Verantwortung des Bürgers einer pluralistischen, freiheitlich-rechtsstaatlichen und sozialen Demokratie eingeschlossen.

Anhang

Vorbemerkung:

Um die Nachprüfung zu erleichtern sowie aus Gründen der Vereinheitlichung wurden die Texte von Marx, Engels und Lenin nach folgenden Gesamtausgaben zitiert:

MEW Karl Marx/Friedrich Engels: Werke. (In 39 Bänden und zwei Ergänzungsbänden.) Herausgegeben vom Institut für Marxismus-Leninismus beim Zentralkommitee der SED. Berlin 1956–1968.

W. I. Lenin: Werke. (In 40 Bänden und zwei Registerbänden. Ins Deutsche übertragen nach der 4. russischen Ausgabe.) Herausgegeben vom Institut für Marxismus-Leninismus beim Zentralkomitee der SED. Berlin 1955–1964.

Ziffern als Quellennachweis verweisen auf die entsprechend numerierten Lehrbücher, die auf Seite 116 angeführt sind.

DER MARXISMUS-LENINISMUS IN ZITATEN

Zum Begriff „Materialismus"

1 „Der Philister versteht unter Materialismus Fressen, Saufen, Augenlust, Fleischeslust und hoffärtiges Wesen, Geldgier, Geiz, Habsucht, Profitmacherei und Börsenschwindel, kurz, alle die schmierigen Laster, denen er selbst im stillen frönt; . . ."

Engels: Ludwig Feuerbach und der Ausgang der klassischen deutschen Philosophie. MEW 21, S. 282.

2 „. . . die Menschen (müssen) vor allen Dingen zuerst essen, trinken, wohnen und sich kleiden (. . .), ehe sie Politik, Wissenschaft, Kunst, Religion usw. treiben können; . . ."

Engels: Rede am Grabe von Karl Marx. MEW 19, S. 335.

3 „Die materielle Produktion ist die Grundlage der Existenz und der Entwicklung der Gesellschaft. Die entscheidende Entdeckung von Marx und Engels, die die Sozialtheorie revolutionierte, bestand in der Erkenntnis, daß die Produktionsweise des materiellen Lebens den gesamten sozialen, politischen und geistigen Lebensprozeß der Gesellschaft bedingt."

2 (S. 334)

Sein und Bewußtsein

4 „Die gesellschaftlichen Produktivkräfte – das sind also die von der Gesellschaft geschaffenen Produktionsmittel, vor allem die Produktionsinstrumente, und die Menschen selbst, die sie in Bewegung setzen und die materiellen Güter produzieren." 1 (S. 290)

5 „Produktionsverhältnisse sind Verhältnisse zwischen den Menschen, die sie im Prozeß der gesellschaftlichen Produktion und Reproduktion des materiellen Lebens eingehen. Sie vermitteln den Prozeß der Aneignung der Natur durch die Gesellschaft. Der Charakter jeder historisch-konkreten Gesamtheit von Produktionsverhältnissen wird durch den gegebenen Typ des Eigentums an den Produktionsmitteln bestimmt." 2 (S. 357)

6 „Die Gesamtheit dieser Produktionsverhältnisse bildet die ökonomische Struktur der Gesellschaft, die reale Basis, worauf sich ein juristischer und politischer Überbau erhebt, und welcher bestimmte gesellschaftliche Bewußtseinsformen entsprechen. Die Produktionswei-

se des materiellen Lebens bedingt den sozialen, politischen und geistigen Lebensprozeß überhaupt. Es ist nicht das Bewußtsein der Menschen, das ihr Sein, sondern umgekehrt ihr gesellschaftliches Sein, das ihr Bewußtsein bestimmt."

Marx: Zur Kritik der politischen Ökonomie. Vorwort. MEW 13, S. 8 f.

7 „Auf der Grundlage der ökonomischen Macht, des Eigentums an den Produktionsmitteln, entwickelt sich die staatliche Macht einer Klasse. . ." 3 (S. 391)

8 „Das Ziel besteht darin, die Massen über das wahre Wesen des imperialistischen Staates zu täuschen, sie geistig zu manipulieren, um sie so politisch in das staatsmonopolistische System zu integrieren. Einen bedeutenden Platz nehmen dabei die bürgerlichen und revisionistischen ‚Freiheits'- und ‚Demokratie'-Konzeptionen ein, die ihren Anknüpfungspunkt in der Existenz des sogenannten Vielparteiensystems haben, das in den meisten imperialistischen Ländern besteht. Da jedoch die werktätigen Massen der Wähler in den meisten imperialistischen Ländern keine Alternative, sondern lediglich die Wahl zwischen verschiedenen Parteien ein und desselben Klassencharakters, zwischen Parteien der Monopolbourgeoisie haben, da die kommunistische Partei entweder verboten oder in ihrer Tätigkeit stark beschränkt wird, ist der Hinweis auf das Vielparteiensystem und das darauf begründete bürgerliche Wahlsystem als Kriterium der Demokratie Demagogie und Betrug an den Massen." 2 (S. 491)

9 „Recht entsteht auf der Grundlage von Klassenunterschieden und -widersprüchen; es drückt den Willen der ökonomisch und politisch herrschenden Klasse aus, dessen Inhalt in den materiellen Lebensbedingungen dieser Klasse wurzelt. Der Klassencharakter des Rechts besteht darin, daß in ihm nur der Wille jener Klasse zum Ausdruck kommt, die staatlich herrscht." 6 (S. 78)

10 „Der Staat ist die historisch entstandene, sich geschichtlich entwickelnde und vergängliche, aus der Gesellschaft herausgelöste und durch ihre ökonomische Ordnung bedingte, souveräne politische Macht der herrschenden Klasse, die die gemeinsamen Interessen der Eigentümer der grundlegenden Produktionsmittel sichert, vertritt und durchsetzt." 6 (S. 74)

11 „Der Klassencharakter des in der kapitalistischen Gesellschaft herrschenden Rechts kommt darin zum Ausdruck, daß es das kapitalistische Eigentum schützt und den Kapitalisten die Möglichkeit sichert, die Lohnarbeiter auszubeuten." 2 (S. 561)

12 „In Wirklichkeit ist die bürgerliche Staatsmacht in allen ihren Organen und in ihrem gesamten Mechanismus ungeteilte Diktatur der Bourgeoisie. Legislative, Exekutive und Justiz sind Ausdruck der Arbeitsteilung bei der Ausübung der einheitlichen kapitalistischen Klassenherrschaft." 6 (S. 104)

13 „Ganz im Gegensatz zur deutschen Philosophie, welche vom Himmel auf die Erde herabsteigt, wird hier von der Erde zum Himmel gestiegen. D. h. es wird nicht ausgegangen von dem, was die Menschen sagen, sich einbilden, sich vorstellen . . . ; es wird von den wirklich tätigen Menschen ausgegangen und aus ihrem wirklichen Lebensprozeß auch die Entwicklung der ideologischen Reflexe und Echos dieses Lebensprozesses dargestellt. Auch die Nebelbildungen im Gehirn der Menschen sind notwendige Sublimate ihres materiellen, empirisch konstatierbaren und an materielle Voraussetzungen geknüpften Lebensprozesses. Die Moral, Religion, Metaphysik und sonstige Ideologie und die ihnen entsprechenden Bewußtseinsformen behalten hiermit nicht länger den Schein der Selbständigkeit. Sie haben keine Geschichte, sie haben keine Entwicklung, sondern die ihre materielle Produktion und ihren materiellen Verkehr entwickelnden Menschen ändern mit dieser Wirklichkeit auch ihr Denken und die Produkte ihres Denkens. Nicht das Bewußtsein bestimmt das Leben, sondern das Leben bestimmt das Bewußtsein."

Marx/Engels: Die deutsche Ideologie. MEW 3, S. 26 f.

14 „Da das Proletariat keine Produktionsmittel besitzt und von den Kapitalisten ausgebeutet

wird, ist es seiner objektiven Lage nach an der Beseitigung des Kapitalismus interessiert, ist es eine revolutionäre Klasse. Bourgeoisie und Proletariat sind antagonistische Klassen, weil ihre Interessen gegensätzlich und unversöhnlich sind." 1 (S. 349)

15 „Die Ideologie ist ein System von Anschauungen und Ideen, das direkt oder vermittelt die ökonomischen und sozialen Besonderheiten der Gesellschaft widerspiegelt, der Lage, den Interessen und Zielen einer bestimmten Klasse der Gesellschaft Ausdruck verleiht und auf die Erhaltung oder Veränderung einer bestehenden gesellschaftlichen Ordnung gerichtet ist." 1 (S. 448)

16 „Wenn die Religion Jahrtausende hindurch die Köpfe der Menschen beherrscht hat und in großen Teilen der Welt auch noch heute weitgehend beherrscht, so ist dies vor allem im gesellschaftlichen Sein der antagonistischen Klassengesellschaft, in den ökonomischen Verhältnissen dieser Gesellschaft mit ihren verheerenden sozialen Auswirkungen für die breiten Massen begründet. Die Herrschaft des Privateigentums an den Produktionsmitteln, die Spaltung der Gesellschaft in ein Häuflein ‚Herren' und in die Masse der ‚Knechte', das ist der wahre soziale Boden der Religion seit der Existenz der Klassengesellschaft. Dies gilt von allen Weltreligionen, auch von der christlichen Religion . . .

Die Klassiker des Marxismus-Leninismus und auch die marxistisch-leninistischen Parteien haben stets sehr genau unterschieden zwischen den reaktionären Kräften, die die christliche Religion zur Rechtfertigung der Herrschaft des kapitalistischen Privateigentums, der Ausbeutung, des Profits und des Krieges mißbrauchten und jenen Gläubigen, die den Kampf für Frieden, für Demokratie und sozialen Fortschritt unterstützten und damit zu potentiellen Verbündeten der Arbeiterklasse wurden." 3 (S. 445 f.)

17 „Die Religion ist der Seufzer der bedrängten Kreatur, das Gemüt einer herzlosen Welt, wie sie der Geist geistloser Zustände ist. Sie ist das Opium des Volks.

Die Aufhebung der Religion als des illusorischen Glücks des Volkes ist die Forderung seines wirklichen Glücks."

Marx: Zur Kritik der Hegelschen Rechtsphilosophie. MEW 1, S. 378 f.

18 „Die Vorstellung von Gott, verbunden mit dem Glauben an von ihm verhängte Strafen oder von ihm gewährte Belohnungen, bezweckt die Aussöhnung der Ausgebeuteten mit dem Klassenjoch; dem realen Kampf um ein besseres Leben wird der zweifelhafte Trost einer göttlichen Vergeltung in einer Welt jenseits des Grabes gegenübergestellt."

Stichwort „Gott" Große Sowjetenzyklopädie. Bd. 5. Moskau 1951 (2. Aufl.), S. 337.

19 „Die Basis ist die ökonomische Struktur der Gesellschaft, die Gesamtheit der Produktionsverhältnisse einer bestimmten Gesellschaftsformation, die vom Bewußtsein und vom Willen der Menschen unabhängig sind und sich herausbilden, ohne durch ihr Bewußtsein hindurchzugehen. Sie bildet die Grundlage des gesellschaftlichen Lebens, die letztlich den Inhalt aller anderen gesellschaftlichen Verhältnisse der Menschen, ihre gesellschaftlichen Ideen, Anschauungen und Theorien bestimmt. Jede Gesellschaftsformation hat ihre eigene Basis, die sich – bedingt durch das Wachstum der Produktivkräfte – in den Grenzen des gegebenen Typs des Eigentums an den Produktionsmitteln verändert und entwickelt. Die grundlegende, qualitative Veränderung der ökonomischen Basis führt zur Veränderung der Gesellschaftsformation insgesamt.

Der Überbau umfaßt die gesellschaftlichen (politischen, rechtlichen, moralischen, philosophischen, ästhetischen, religiösen) Ideen einer Gesellschaftsformation, die ihnen entsprechenden Institutionen und Organisationen (Staat, politische Parteien, Kirchen usw.), die ideologischen Verhältnisse, in die die Menschen vermittels dieser Ideen und Institutionen zueinander treten." 2 (S. 381)

20 „Die Produktivkräfte sind das bestimmende, das revolutionärste Element der Produktionsweise; deshalb beginnt die Entwicklung der gesellschaftlichen Produktion immer mit Ver-

änderungen der Produktivkräfte, ihnen folgen die entsprechenden Veränderungen der Produktionsverhältnisse.“ 3 (S. 313)

21 „Der große Grundgedanke, daß die Welt nicht als ein Komplex von fertigen Dingen zu fassen ist, sondern als ein Komplex von Prozessen, worin die scheinbar stabilen Dinge nicht minder wie ihre Gedankenabbilder in unserm Kopf, die Begriffe, eine ununterbrochene Veränderung des Werdens und Vergehens durchmachen, in der bei aller scheinbaren Zufälligkeit und trotz aller momentanen Rückläufigkeit schließlich eine fortschreitende Entwicklung sich durchsetzt – dieser große Grundgedanke ist, namentlich seit Hegel, so sehr in das gewöhnliche Bewußtsein übergegangen, daß er in dieser Allgemeinheit wohl kaum noch Widerspruch findet ... Geht man aber bei der Untersuchung stets von diesem Gesichtspunkt aus, so hört die Forderung endgültiger Lösungen und ewiger Wahrheiten ein für allemal auf; man ist sich der notwendigen Beschränktheit aller gewonnenen Erkenntnisse stets bewußt, ihrer Bedingtheit durch die Umstände, unter denen sie gewonnen wurde ...“

Engels: Ludwig Feuerbach und der Ausgang der klassischen deutschen Philosophie. MEW 21, S. 293.

22 „Der historische Materialismus ist vom geschichtlichen Optimismus der Arbeiterklasse durchdrungen. Der Pessimismus der imperialistischen Sozialtheorie ist nichts anderes als die Widerspiegelung der allgemeinen Krise des kapitalistischen Gesellschaftssystems ... Der historische Materialismus weist den notwendigen fortschreitenden Charakter der gesellschaftlichen Entwicklung nach, indem er die objektiven Prozesse und Resultate der Geschichte erforscht und verallgemeinert.“ 2 (S. 395, 397)

23 „Die bürgerliche Ideologie ist das in der kapitalistischen Gesellschaft herrschende Bewußtsein, in der die kapitalistische Ordnung und das ihr zugrunde liegende Privateigentum an Produktionsmitteln als ‚natürlich‘, ‚vernünftig‘ und also ‚ewig‘ aufgefaßt wird ... Sie ist eine unwissenschaftliche Ideologie. Die bürgerliche Klasse ist ebensowenig wie alle ihr vorhergehenden Ausbeuterklassen fähig, dem materiellen Bewegungsgesetz der Gesellschaft auf die Spur zu kommen. Ihr Klasseninteresse schließt aus, daß sie in der materiellen Produktionstätigkeit der Volksmassen den Angelpunkt aller geschichtlichen Prozesse anerkennt und begreift ...

Die sozialistische Ideologie ist die Gesamtheit jener weltanschaulichen Erkenntnisse, politischen Prinzipien und Ziele sowie ethischen Normen, in der das Klassenbewußtsein der Arbeiterklasse zur in sich geschlossenen wissenschaftlichen Theorie ihres revolutionären Befreiungskampfes und der Verwirklichung ihrer welthistorischen Aufgabe, die kommunistische Gesellschaft zu errichten, zusammengefaßt ist.“ 2 (S. 549 f.)

24 „Erst die sozialistische Ideologie des Proletariats konnte sich von allen Illusionen vollständig befreien und eine konsequente wissenschaftliche Auffassung werden.“ 1 (S. 447)

„Die Begriffe ‚wissenschaftliche Weltanschauung‘, ‚Marxismus-Leninismus‘ und ‚sozialistische Ideologie‘ sind Begriffe gleicher Ordnung. Der Marxismus-Leninismus ist die wissenschaftliche Ideologie der Arbeiterklasse.“ 2 (S. 551)

25 „Die objektiv notwendige soziale Revolution setzt sich in Gestalt des ökonomischen, politischen und ideologischen Klassenkampfes gegen die überholten Verhältnisse durch. Sie kann sich nur in dieser Form durchsetzen, weil auf der einen Seite das ökonomische Interesse der in der alten Gesellschaft herrschenden Klasse die Aufrechterhaltung der bestehenden Eigentumsverhältnisse diktiert, weil sie alle Mittel der politischen Gewalt und ideologischen Macht einsetzt, um ihren Sturz abzuwenden. Auf der anderen Seite ist es gerade das Lebensinteresse der unterdrückten Volksmassen, jener Klassen, die mit den fortgeschrittensten Produktivkräften verbunden sind, die herrschenden Verhältnisse umzuwälzen.“ 2 (S. 512)

26 „Die unmittelbaren persönlichen Abhängigkeitsverhältnisse der früheren Gesellschaftsformationen (Sklaverei, Leibeigenschaft) werden in der kapitalistischen Produktionsweise durch die indirekte, vermittelte Abhängigkeit der Produzenten von den Eigentümern der Produktionsmittel ersetzt. Es scheint so, als seien alle Mitglieder der Gesellschaft gleich und frei. Der Staat erhält den Glorienschein einer unabhängigen, unparteiischen Schiedsrichter- und Verwaltungsinstitution. In Wirklichkeit sind die Proletarier gezwungen, ihre Arbeitskraft an die Kapitalisten zu verkaufen, um existieren zu können. Der formalen Gleichheit vor dem Gesetz des bürgerlichen Staates steht die tatsächliche Ungleichheit von Kapitalisten und Lohnarbeitern als Besitzer und Nichtbesitzer von Produktionsmitteln gegenüber." 3 (S. 397)

27 „Das Klassenwesen der Demokratie schließt notwendig deren Klassenfunktionen in sich ein. Die bürgerliche Demokratie dient den Interessen und Zielen der kapitalistischen Klassenherrschaft, die sozialistische Demokratie den Interessen und Zielen der Arbeiterklasse und der mit ihr verbündeten werktätigen Klassen und Schichten." 6 (S. 291)

28 „. . . wie die Gesellschaft selbst den Menschen als Menschen produziert, so ist sie durch ihn produziert . . . Also die Gesellschaft ist die vollendete Wesenseinheit des Menschen mit der Natur . . .
Das Individuum ist das gesellschaftliche Wesen . . ."
Marx: Ökonomische-philosophische Manuskripte. MEW Erg.-Bd. 1, S. 537 f.

29 „Als Klassen bezeichnet man große Menschengruppen, die sich voneinander unterscheiden nach ihrem Platz in einem geschichtlich bestimmten System der gesellschaftlichen Produktion, nach ihrem (größtenteils in Gesetzen fixierten und formulierten) Verhältnis zu den Produktionsmitteln, nach ihrer Rolle in der gesellschaftlichen Organisation der Arbeit und folglich nach der Art der Erlangung und der Größe des Anteils am gesellschaftlichen Reichtum, über den sie verfügen. Klassen sind Gruppen von Menschen, von denen die eine sich die Arbeit einer andern aneignen kann infolge der Verschiedenheit ihres Platzes in einem bestimmten System der gesellschaftlichen Wirtschaft."
Lenin: Die große Initiative. Werke 29, S. 410

„Insofern Millionen von Familien unter ökonomischen Existenzbedingungen leben, die ihre Lebensweise, ihre Interessen und ihre Bildung von denen der andern Klassen trennen und ihnen feindlich gegenüberstellen, bilden sie eine Klasse."
Marx: Der achtzehnte Brumaire des Louis Bonaparte. MEW 8, S. 198.

30 „Es handelt sich nicht darum, was dieser oder jener Proletarier oder selbst das ganze Proletariat als Ziel sich einstweilen vorstellt. Es handelt sich darum, was es ist und was es diesem Sein gemäß geschichtlich zu tun gezwungen sein wird."
Marx/Engels: Die Heilige Familie. MEW 2, S. 38.

31 „Die Entwicklung des Solidaritätsbewußtseins der Arbeiter, das Bewußtsein, daß sie ihrer Klasse gegenüber Verpflichtungen haben, die Bereitschaft, ihre persönlichen Interessen der gemeinsamen Sache, dem Klassenkampf unterzuordnen – alles das gehört untrennbar zur Entwicklung des Klassenbewußtseins des Proletariats."
Schischkin: Grundlagen der marxistischen Ethik. Berlin 1964, S. 246 f.

Die Gesellschaftsordnungen

32 „Die erste Form der menschlichen Gesellschaft entstand vor etwa zwei Millionen Jahren, als sich die Menschen dadurch aus dem Tierreich herauslösten, daß sie dazu übergingen, der Natur die für die Befriedigung ihrer Lebensbedürfnisse notwendigen Mittel durch zweckgerichtete Tätigkeit mit Hilfe selbstgefertigter Werkzeuge abzuringen. Indem sich die Menschen die Natur durch Arbeit anzueignen begannen, entwickelte sich ihr Denken und untrennbar damit verbunden der durch die Sprache vermittelte Gedankenaustausch zwischen ihnen.

Über Hunderttausende von Jahren bestand die Produktion der Urmenschen im Sammeln von Pflanzennahrung und in der Jagd. Beides betrieben sie kollektiv mit Hilfe einfachster Geräte, die sie in den verschiedensten Arbeitsprozessen anwandten. Um die Ergiebigkeit ihrer Arbeit zu erhöhen, schufen sich die Menschen immer speziellere Werkzeuge . . .
Ein Höhepunkt der Produktivkräfteentwicklung in der Urgesellschaft war die Herausbildung von Urformen der Viehzucht und des Ackerbaus . . .
Was die aus dem Tierreich hervorgegangene menschliche Gesellschaft von allen zoologischen Verbänden grundlegend unterschied, war die von Anfang an gesellschaftliche Arbeit. Die primitiven Arbeitsmittel machten die kollektive Zusammenarbeit der Urmenschen im Rahmen ihrer kleinen und isoliert voneinander existierenden Gemeinwesen zur unbedingten Notwendigkeit. Grundlage ihrer kollektiven Arbeit war ihr gemeinsames Eigentum an Produktionsmitteln. Der geringe Wirkungsgrad der Produktionskräfte, der den Menschen über Hunderttausende von Jahren kaum einen Überschuß über das zum Leben Notwendigste sichern konnte, forderte nicht nur gemeinsame Arbeit, sondern zwang auch zur gleichmäßigen Verteilung und Konsumtion der Arbeitsergebnisse.
Gesellschaftliche Produktion, gesellschaftliche Verteilung und gesellschaftliche Konsumtion auf Basis des Gemeineigentums an Produktionsmitteln kennzeichnen den in der Urgesellschaft herrschenden Grundtyp der Produktionsverhältnisse.“ 4 (S. 34–36)

33 „Die Entwicklung der Produktivkräfte, der Arbeitsteilung und des Austausches innerhalb der Gemeinwesen und zwischen ihnen auf der Grundlage zunehmender Warenproduktion zersetzte die auf großen Geschlechtsverbänden und auf dem Gemeineigentum an den Produktionsmitteln beruhende Urgesellschaft . . .
Mit der Entwicklung des Privateigentums an den Produktionsmitteln bildeten sich auf der Grundlage der unterschiedlichen Produktivität der individuellen Arbeit Vermögensunterschiede zwischen den Angehörigen der Gemeinwesen heraus. Vor allem Personen, die im Rahmen der urwüchsigen Demokratie als Älteste, Heerführer oder Priester fungierten, eigneten sich immer häufiger Teile des Gemeineigentums privat an und machten ärmere Angehörige der Gemeinschaft ökonomisch von sich abhängig. Wichtigste Grundlage hierfür war die mit der Erhöhung der Produktivkraft der Arbeit entstandene Möglichkeit der Erzeugung eines Mehrprodukts. Erstmalig konnten die Menschen beständig mehr Existenzmittel produzieren, als zur Sicherung ihres elementaren Lebensunterhaltes notwendig war. Damit entstand die Möglichkeit der Ausbeutung des Menschen durch den Menschen, der Aneignung des Mehrprodukts der einen Menschen durch andere. Es begann der Prozeß der Spaltung der Gesellschaft in Klassen, in Ausbeuter und Ausgebeutete . . .
Die sich in einigen Gebieten Asiens, Europas und Afrikas zwischen dem 4. und 3. Jahrtausend vor unserer Zeitrechnung aus der Urgesellschaft entwickelnde Sklavenhaltergesellschaft bot den Produktivkräften für lange Zeit Entwicklungsmöglichkeiten . . .
Ziel der Produktion in der Sklavenhaltergesellschaft war das Mehrprodukt, das von den Sklaven über das zu ihrer Existenzsicherung notwendige Produkt hinaus geschaffen und von den Sklavenhaltern zwecks Erweiterung ihrer parasitären Konsumtion angeeignet wurde. Das Mittel zu seiner Erlangung war die ständig verschärfte Ausbeutung immer größerer Sklavenmassen. Darin bestand das ökonomische Grundgesetz der Sklavenhaltergesellschaft.“ 4 (S. 38–41)

34 „Grundlage des feudalen Typs der Produktionsverhältnisse war das große Privateigentum an Grund und Boden. Seine Besonderheit bestand darin, daß es die Grundhörigkeit und Leibeigenschaft der Bauern, ihre Bindung an den Boden und damit ihre persönliche Abhängigkeit vom feudalen Grundeigentümer einschloß . . .
Das vom Feudalherren angeeignete Mehrprodukt erschien als feudale Grundrente. Sie enthielt häufig nicht nur Mehrarbeit, sondern auch Teile der notwendigen Arbeit des Bauern . . .

Ziel der Produktion in der Feudalgesellschaft war das von den abhängigen Bauern geschaffene Mehrprodukt, das sich die Feudalherren zur Erweiterung ihrer parasitären Konsumtion in Form der Grundrente aneigneten. Das wichtigste Mittel zu seiner Erlangung war die ständig verschärfte Ausbeutung der abhängigen Bauern. Darin bestand das ökonomische Grundgesetz der Feudalgesellschaft. In ihrer typischen Ausprägung war die feudale Wirtschaft eine austauschlose Naturalwirtschaft.“ 4 (S. 45 f.)

„Indem die von den feudalen Produktionsverhältnissen geförderten Produktivkräfte in der Folge immer stärker auf ihre konzentrierte gesellschaftliche Anwendung zu drängen begannen, stießen sie an die Grenzen der feudalen Produktionsverhältnisse. Das Gesetz der Übereinstimmung der Produktionsverhältnisse mit dem Charakter und dem Entwicklungsniveau der Produktivkräfte forderte die Überwindung der in Erstarrung geratenen feudalen Produktionsverhältnisse. Zum wichtigsten Hebel der Auflösung der feudalen Produktionsverhältnisse wurde die Warenproduktion . . .

Hatte sich die ursprünglich auf Erweiterung und Vervollkommnung der Konsumtion gerichtete einfache Warenproduktion zunächst noch voll in die feudale Naturalwirtschaft eingeordnet, so entwickelten sich auf ihrer Basis Ware-Geld-Beziehungen, die zunehmend auf die Zersetzung der für die feudale Produktionsweise typischen Naturalbeziehungen und persönlichen Abhängigkeitsverhältnisse hinwirkten.“ 4 (S. 48 f.)

„In der weiteren Entwicklung faßte das Kapital die unter seinem Kommando, weil mit seinen Produktionsmitteln arbeitenden Produzenten in großen Werkstätten – Manufakturen – zur gemeinsamen Arbeit zusammen und eignete sich die von ihnen in vergesellschafteter Arbeit geschaffenen Produkte privat an. Es entstand der für die kapitalistische Produktionsweise charakteristische Grundwiderspruch zwischen der gesellschaftlichen Produktion und der privatkapitalistischen Aneignung der Produktionsergebnisse . . .

Mit dem Heranwachsen der kapitalistischen Produktionsweise im Schoße der feudalen Gesellschaft entstand der Widerspruch zwischen der sich entwickelnden ökonomischen Ordnung des Kapitalismus und der weiterbestehenden politischen Ordnung des Feudalismus. Er setzte die bürgerliche Revolution auf die Tagesordnung der Geschichte.“

4 (S. 51, 53)

35 „Die kapitalistische Produktionsweise vereinfachte die Klassenteilung der Gesellschaft . . . Im Kapitalismus wurden die unmittelbaren Produzenten, die Arbeiter, juristisch frei. Aber da sie keine Produktionsmittel besitzen, sind sie von den Kapitalisten ökonomisch abhängig. Marx und Engels bezeichneten die kapitalistische Ausbeutungsweise als System der Lohnsklaverei.“ 1 (S. 342)

36 „Charakteristisch für die Klassenstruktur der kapitalistischen Gesellschaftsformation ist die Vereinfachung der Klassengegensätze im Sinne einer Polarisierung der sozialen Kräfte in wesentlich zwei große Grundklassen: Bourgeoisie und Proletariat. Neben diesen Grundklassen existieren die Bauernschaft, die Intelligenz und städtische Handwerker und Gewerbetreibende. Die Tendenz, wonach sich die verschiedenen sozialen Kräfte mehr und mehr in den beiden Grundklassen polarisieren, trägt objektiven Charakter . . .

Die Arbeiterklasse ist die zahlenmäßig stärkste Klasse in der entwickelten kapitalistischen Gesellschaft. Sie hat kein Eigentum an Produktionsmitteln und ist daher gezwungen, ihre Arbeitskraft als Ware gegen Lohn an den kapitalistischen Eigentümer der Produktionsmittel zu verkaufen, um leben zu können. Nach ihrer Rolle in der gesellschaftlichen Organisation der Arbeit, nach den vielfältigen Produktionsfunktionen unterscheiden wir verschiedene Gruppen oder Schichten innerhalb der Arbeiterklasse. Den Kern bilden die Industriearbeiter. Sie sind der fortschrittlichste Teil, weil sie unmittelbar mit den modernsten Produktionsmitteln in der kapitalistischen Großproduktion verbunden sind.

Zur Arbeiterklasse gehören auch jene Teile der kleinen und mittleren Angestellten, die or-

ganisatorisch-technische Funktionen (Bilanzierung, Organisation, Abrechnung, Statistik und ähnliches) im technologischen Prozeß und im Prozeß der Realisierung des Profits ausführen. Auch sie leben vom Verkauf ihrer Arbeitskraft.
Eine weitere Gruppe, die zur Arbeiterklasse gehört, sind die Landproletarier, die Lohnarbeiter der kapitalistisch produzierenden Großgrundbesitzer und Großbauern, der Dorfbourgeoisie."
2 (S. 424, 426)

37 „Der Widerspruch zwischen Produktivkräften und Produktionsverhältnissen kann nur durch die Beseitigung der kapitalistischen und die Errichtung der sozialistischen Produktionsverhältnisse überwunden werden. Mit der Entwicklung der Produktivkräfte und der zunehmenden Vergesellschaftung der Produktion bringt der Kapitalismus jedoch nicht nur die objektiven materiellen Voraussetzungen für den Sozialismus hervor, er erzeugt vielmehr auch die gesellschaftliche Kraft, die von der Geschichte berufen ist, Totengräber der alten und Schöpfer der neuen Gesellschaftsordnung zu sein. Diese Kraft ist die Arbeiterklasse, geführt von ihrer in zahllosen Klassenschlachten gestählten marxistisch-leninistischen Partei, die gemeinsam mit allen revolutionären Kräften die Hauptrichtung der Entwicklung der Menschheit bestimmt."
4 (S. 428)

38 „Die Herausbildung des Sozialismus umfaßt eine ganze historische Periode. Diese Periode des Übergangs vom Kapitalismus zum Sozialismus beginnt mit der Eroberung der politischen Macht durch die Arbeiterklasse, das heißt mit der Errichtung der Diktatur des Proletariats, schließt den revolutionären Prozeß der Beseitigung der kapitalistischen Produktionsverhältnisse, die Errichtung der neuen, sozialistischen Produktionsverhältnisse ein und endet mit dem Sieg des Sozialismus."
4 (S. 429)

39 „Die Entwicklung der Produktivkräfte ist die Grundlage für die allmähliche Umgestaltung der sozialistischen gesellschaftlichen Verhältnisse in kommunistische. Es entsteht das einheitliche kommunistische Eigentum des ganzen Volkes. Es verändert sich auch der Charakter des Austauschs und der Verteilung. Zum Unterschied vom Sozialismus, wo das Prinzip ‚Jeder nach seinen Fähigkeiten, jedem nach seiner Leistung' gilt, wird im Kommunismus das Prinzip ‚Jeder nach seinen Fähigkeiten, jedem nach seinen Bedürfnissen' verwirklicht.
Der Übergang zum Kommunismus setzt die Überwindung aller von der Klassengesellschaft überkommenen Züge, von denen sich der Sozialismus noch nicht vollständig befreit hat, voraus. Der Kommunismus beseitigt die Reste der alten Formen der gesellschaftlichen Arbeitsteilung, die sozialökonomischen und kulturellen Unterschiede zwischen Stadt und Land, die wesentlichen Unterschiede zwischen der landwirtschaftlichen und der industriellen, zwischen der geistigen und der körperlichen Arbeit. Die Arbeit wird nicht nur ein Mittel zum Wachstum der Produktion sein, sondern sie verwandelt sich auch in das erste Lebensbedürfnis des Menschen."
5 (S. 319)

40 „Der durchgehende Grundgedanke des ‚Manifestes': daß die ökonomische Produktion und die aus ihr mit Notwendigkeit folgende gesellschaftliche Gliederung einer jeden Geschichtsepoche die Grundlage bildet für die politische und intellektuelle Geschichte dieser Epoche; daß demgemäß (seit Auflösung des uralten Gemeinbesitzes an Grund und Boden) die ganze Geschichte eine Geschichte von Klassenkämpfen gewesen ist, Kämpfen zwischen ausgebeuteten und ausbeutenden, beherrschten und herrschenden Klassen auf verschiedenen Stufen der gesellschaftlichen Entwicklung; daß dieser Kampf aber jetzt eine Stufe erreicht hat, wo die ausgebeutete und unterdrückte Klasse (das Proletariat) sich nicht mehr von der sie ausbeutenden und unterdrückenden Klasse (der Bourgeoisie) befreien kann, ohne zugleich die ganze Gesellschaft für immer von Ausbeutung, Unterdrückung und Klassenkämpfen zu befreien – . . ."
Engels: Vorwort zur deutschen Ausgabe von 1883 des „Manifestes der Kommunistischen Partei". MEW 21, S. 3.

41 „Die älteste Form einer auf dem Privateigentum an den Produktionsmitteln und damit der Ausbeutung des Menschen durch den Menschen beruhenden Gesellschaftformation ist die Sklavenhaltergesellschaft.
Sie ist durch den Gegensatz zweier antagonistischer Hauptklassen gekennzeichnet, der Klasse der Sklavenhalter, die die ausbeutende Minderheit, und der Klasse der Sklaven, die die ausgebeutete Mehrheit bilden. Die Grundlage der Produktionsverhältnisse ist das Eigentum des Sklavenhalters an den Produktionsmitteln und an den unmittelbaren Produzenten – den Sklaven. Der Sklavenhalter kann sie verkaufen, kaufen oder wie ein Stück Vieh erschlagen." 3 (S. 317)

42 „Im Prozeß des kommunistischen Aufbaus vollzieht sich der allmähliche Übergang zur gesellschaftlichen Selbstverwaltung. Die kommunistische gesellschaftliche Selbstverwaltung ist die nichtpolitische, nichtstaatliche Form der Leitung der ökonomischen, sozialen und kulturellen Prozesse der klassenlosen Gesellschaft. Sie verlangt die aktive und unmittelbare Beteiligung eines jeden Angehörigen der Gesellschaft an der Lösung der das ganze Volk betreffenden Fragen und gewährleistet die vollständigste Verwirklichung der Ideale der Freiheit, der Gleichheit und der Brüderlichkeit." 5 (S. 422 f.)

43 „Die Rückführung aller gesellschaftlichen Verhältnisse der Menschen auf die ökonomischen als die grundlegenden, alle anderen bestimmenden Verhältnisse; die Rückführung des geschichtlichen Handelns der Individuen auf die historischen Aktionen der gesellschaftlichen Klassen und der Volksmassen legten den Weg zu der fundamentalen historisch-materialistischen Erkenntnis frei, daß die gesellschaftliche Entwicklung ein naturgeschichtlicher Prozeß ist. Dies bedeutet, daß die Geschichte ein objektiver und notwendiger Prozeß ist, der durch die Gesetze bestimmt wird, die vom Willen und Bewußtsein der Menschen unabhängig sind. Zugleich aber unterscheidet sich der Entwicklungsprozeß der Gesellschaft dadurch von Naturprozessen, daß er das Werk der produzierenden Menschen selbst ist."
2 (S. 318 f.)

Politische Ökonomie

44 „Wie Darwin das Gesetz der Entwicklung der organischen Natur, so entdeckte Marx das Entwicklungsgesetz der menschlichen Geschichte . . ."
Engels: Rede am Grabe von Karl Marx. MEW 19, S. 335.

45 „Der Wert der kapitalistisch produzierten Ware besteht: 1. aus dem Wert des verbrauchten konstanten Kapitals (c); 2. aus dem Wert des für den Kauf der Ware Arbeitskraft verausgabten und reproduzierten variablen Kapitals (v); 3. aus dem von den Arbeitern erzeugten Mehrwert (m). Folglich ist der Wert einer kapitalistisch produzierten Ware W = c + v + m. Seine Größe ist bestimmt durch die zur Produktion der Ware gesellschaftlich notwendige Arbeitszeit. Das sind die wirklichen Kosten der Gesellschaft für die Produktion einer Ware. An der Oberfläche der kapitalistischen Gesellschaft stellt sich dies jedoch anders dar. Den Kapitalisten kostet die Produktion einer Ware erstens das konstante Kapital (c), zweitens das variable Kapital (v). Das dritte Element, der Mehrwert kostet ihn nichts." 4 (S. 176)

46 „Die Analyse der kapitalistischen Akkumulation durch Marx mündet in die Erkenntnis, daß die Vermehrung des Reichtums der Kapitalistenklasse gesetzmäßig die Verschlechterung der Lage der Arbeiterklasse nach sich zieht. ‚Es folgt daher, daß im Maße wie Kapital akkumuliert, die Lage des Arbeiters, welches immer seine Zahlung, hoch oder niedrig, sich verschlechtern muß . . .'*
Wenn die Tendenz zur Verschlechterung der Lage der Arbeiterklasse im 18. und 19. Jahrhundert in solch krassen Formen in Erscheinung trat, wie sie Marx und Engels in ihren Arbeiten darstellen, dann deshalb, weil die Arbeiterklasse zu jener Zeit noch zahlenmäßig schwach, gering organisiert und im Kampf unerfahren war. Seitdem sind weitere, das all-

gemeine Gesetz der kapitalistischen Akkumulation modifizierende Umstände hinzugekommen. Die Arbeiterklasse stellt heute die überwältigende Mehrheit der Bevölkerung der entwickelten kapitalistischen Länder, sie hat starke Gewerkschaften und in einer Reihe von Ländern einflußreiche und kampferprobte kommunistische Parteien ...
Modifikation des Wirkens ökonomischer Gesetze des Kapitalismus bedeutet jedoch nicht Veränderung ihres Wesens. Marx bezeichnet das allgemeine Gesetz der kapitalistischen Akkumulation als absolutes Gesetz, das heißt als ein unter kapitalistischen Bedingungen unbedingt wirkendes Gesetz, als ein Gesetz, das in jedem kapitalistischen Land zu jeder Zeit wirkt. Die Haupttendenz des allgemeinen Gesetzes der kapitalistischen Akkumulation, jene Tendenz, die sich letzthin durchsetzt, ist die Tendenz zur Verschlechterung der Lage der Arbeiterklasse. Ihr kann die Arbeiterklasse nur durch den Sturz des Kapitalismus den Boden entziehen."
(S. 147, 149 f.)

* Marx: Das Kapital, Bd. I. MEW 23, S. 675

47 „Dies ist das absolute, allgemeine Gesetz der kapitalistischen Akkumulation."
Marx: Das Kapital, Bd. I. MEW 23, S. 674.

48 „Die Oktoberrevolution befreite die kolonial unterdrückten Völker des zaristischen Rußlands, gewährte ihnen die gleichberechtigte nationale Entwicklung und beseitigte eine der Hauptsäulen des imperialistischen Kolonialsystems in Asien. Dieser erste Schlag gegen das Kolonialsystem des Imperialismus war beispielhaft für die nationale Befreiungsbewegung und leitete die Krise des imperialistischen Kolonialsystems ein ...
Die verschärfte Ausbeutung und Ausplünderung der Völker der Kolonialländer während des zweiten Weltkrieges, die Zerschlagung des Faschismus durch die Sowjetunion und die Niederlage des japanischen Imperialismus, vor allem auch die Entstehung des sozialistischen Weltsystems führten zu einem gewaltigen Aufschwung der nationalen Befreiungsbewegung, der fast die ganze koloniale Welt ergriff. Der Imperialismus war nicht mehr in der Lage, das Kolonialsystem aufrechtzuerhalten. Von 1945 bis 1957 befreiten sich siebzehn Länder vom kolonialen Joch. Der Prozeß der Erkämpfung der politischen Souveränität durch immer mehr ehemals unterdrückte Völker bedeutet den Zerfall des Kolonialsystems, der eine folgerichtige Fortsetzung und Vertiefung der Krise des Kolonialsystems darstellt ... In der dritten Etappe der allgemeinen Krise des Kapitalismus kommt es zur völligen Liquidierung, zum Zusammenbruch des Kolonialsystems. Allein im Jahre 1960 verkündeten 17 afrikanische Länder ihre Unabhängigkeit. Das Jahr 1960 ist deshalb als das ‚afrikanische Jahr' in die Weltgeschichte eingegangen. Entfielen im Jahre 1919 noch 72 Prozent des Territoriums der Erde und 69,4 Prozent der Bevölkerung auf Kolonien und Halbkolonien, waren es Anfang der siebziger Jahre noch 3,3 Prozent der Fläche und 1 Prozent der Weltbevölkerung."
4 (S. 321, 324 f., 327)

„Der Neokolonialismus ist die typische Form der Ausbeutung und Unterdrückung schwachentwickelter Länder unter den historischen Bedingungen des Zerfalls und des Zusammenbruchs des Kolonialsystems durch den Imperialismus. Die imperialistischen Mächte versuchen, den Prozeß der nationalen Befreiung der noch kolonial unterdrückten Völker und die Konsolidierung der jungen Nationalstaaten aufzuhalten. Dazu bedienen sie sich der verschiedensten Methoden (militärische Intervention und Aggression, Kapitalexport, Assoziierung in staatsmonopolistische Vereinigungen usw.). Vor allem soll die ökonomische Selbständigkeit der Entwicklungsländer verhindert werden, um den jungen Staaten die Basis einer echten Unabhängigkeit zu entziehen."
4 (S. 327)

49 „Wachstum des individuellen Kapitals durch Akkumulation ist Konzentration des Kapitals ...
Im Unterschied zur Konzentration des Kapitals ist die Zentralisation des Kapitals die Zusammenfassung mehrerer individueller Kapitale zu einem größeren Kapital oder das Auf-

saugen kleinerer Kapitale durch größere. Sie ist sowohl unmittelbares Ergebnis des Konkurrenzkampfes, in dessen Verlauf die stärkeren Kapitalisten ihre schwächeren Konkurrenten ausschalten und sich deren Kapital einverleiben, als auch das Ergebnis der Verschmelzung von kleineren Kapitalen zu größeren. Dies geschieht meist durch die Gründung von Aktiengesellschaften oder anderer Kapitalvereinigungen.“ 4 (S. 141 f.)

50 „Eine der wichtigsten Quellen des Wachstums der Arbeiterklasse ist die Proletarisierung der kleinen Warenproduzenten und anderer Schichten der Bevölkerung.
Dem übermächtigen Konkurrenzdruck erlagen zum Beispiel von 1950 bis 1971 in den USA mehr als 2,8 Millionen Farmer, in den Ländern der EWG etwa 3,5 Millionen bäuerliche Betriebe. Unter dem Druck vor allem der Warenhauskonzerne und Versandhäuser gingen in der BRD von 1962 bis 1970 fast 70 000 Einzelhandelsgeschäfte und in den USA von 1967 bis 1972 etwa 24 700 Lebensmittelgeschäfte zugrunde. Die meisten der ihrer selbständigen Existenz beraubten Menschen füllten die Reihen des Proletariats.“ 4 (S. 144 f.)

51 „Der Prozeß der erweiterten Reproduktion im Kapitalismus ist kein kontinuierlicher Vorgang. Er wird durch periodisch wiederkehrende Wirtschaftskrisen gestört und verläuft zyklisch. Das gilt für die kapitalistische Entwicklung seit 1825, dem Jahr, in dem die erste Wirtschaftskrise ausbrach, bis in die Gegenwart . . .
Kapitalistische Wirtschaftskrisen entspringen dem Wesen des Kapitalismus, sie sind unvermeidlich, solange kapitalistische Produktionsverhältnisse existieren . . .
Das ständige Streben der Kapitalisten nach verstärkter Ausbeutung der Arbeiterklasse als Hauptfaktor, der der sinkenden Profitrate entgegenwirkt, schränkt die zahlungsfähige Nachfrage der Werktätigen nach Konsumtionsmitteln ein, während die Kapitalisten im Interesse der Profitsteigerung die Produktion so entwickeln, als sei nur die absolute Konsumtionsfähigkeit die Schranke der Produktion. Der Widerspruch zwischen Produktion und Konsumtion beruht also darauf, daß sich die Produktion schneller als das Einkommen der Werktätigen entwickelt, die die Masse der Konsumenten darstellen. Der Widerspruch zwischen Produktion und Konsumtion erscheint an der Oberfläche der kapitalistischen Gesellschaft als Widerspruch zwischen Produktion und Markt. Die Überproduktion von Waren wird zum Charakteristikum der kapitalistischen Wirtschaftskrisen.“ 4 (S. 253–255)

52 „Der kapitalistische Reproduktionsprozeß verläuft zyklisch, das heißt rasches Wachstum, Stagnation und Rückgang der Produktion wechseln einander ab. Es bildet sich ein Krisenzyklus, der vom Beginn der Krise bis zur nächsten Krise dauert und vier Phasen durchläuft: Krise, Depression, Belebung und Aufschwung.“ 4 (S. 257)

53 „Deshalb muß man eine solche Definition des Imperialismus geben, die folgende fünf seiner grundlegenden Merkmale enthalten würde: 1. Konzentration der Produktion und des Kapitals, die eine so hohe Entwicklungsstufe erreicht hat, daß sie Monopole schafft, die im Wirtschaftsleben die entscheidende Rolle spielen; 2. Verschmelzung des Bankkapitals mit dem Industriekapital und Entstehung einer Finanzoligarchie auf der Basis dieses ‚Finanzkapitals‘; 3. der Kapitalexport, zum Unterschied vom Warenexport, gewinnt besonders wichtige Bedeutung; 4. es bilden sich internationale monopolistische Kapitalistenverbände, die die Welt unter sich teilen, und 5. die territoriale Aufteilung der Erde unter die kapitalistischen Großmächte ist beendet. Der Imperialismus ist der Kapitalismus auf jener Entwicklungsstufe, wo die Herrschaft der Monopole und des Finanzkapitals sich herausgebildet, der Kapitalexport hervorragende Bedeutung gewonnen, die Aufteilung der Welt durch die internationalen Trusts begonnen hat und die Aufteilung des gesamten Territoriums der Ende durch die größten kapitalistischen Länder abgeschlossen ist.“

Lenin: Der Imperialismus als höchstes Stadium des Kapitalismus. Werke 22, S. 270 f.

54 „Die Verteidigung des Vaterlandes war und bleibt die wichtigste äußere Funktion des sozialistischen Staates. Ihre Notwendigkeit wird hervorgerufen durch die Existenz aggressiver

imperialistischer Kräfte in der heutigen Welt und die Gefahr eines bewaffneten Überfalls auf die Länder des Sozialismus. Der Sowjetstaat und das ganze sozialistische Weltsystem müssen die Verteidigungskraft auf dem erforderlichen Stand halten, um jeden Aggressor vollständig zerschlagen zu können.“ 5 (S. 411 f.)

55 „Solange es auf der Erde noch einen Kapitalismus gibt, werden die reaktionären Kräfte, die die Interessen der kapitalistischen Monopole vertreten, auch weiterhin kriegerische Abenteuer und Aggressionen suchen, werden sie bemüht sein, einen Krieg zu entfesseln. Aber eine verhängnisvolle Unvermeidbarkeit der Kriege gibt es nicht. Heute existieren mächtige, gesellschaftliche und politische Kräfte, die über bedeutende Mittel verfügen, um die Entfesselung eines Krieges durch die Imperialisten nicht zuzulassen, und falls sie doch versuchen sollten, einen Krieg zu beginnen, so werden diese Kräfte den Aggressoren eine vernichtende Niederlage bereiten und ihre abenteuerlichen Pläne zum Scheitern bringen.“

Chruschtschow: Rechenschaftsbericht des ZK der KPdSU an den XX. Parteitag. In: XX. Parteitag der KPdSU. Düsseldorf 1956, S. 34.

„Die allgemeine Krise des Kapitalismus vertieft sich trotz staatsmonopolistischer Regulierung und von der Arbeiterklasse erzwungener Teilreformen weiter, so daß von seiner Stabilisierung keine Rede sein kann.

Das wurde auf dem XXIV. Parteitag der KPdSU (1971) eingeschätzt. Angesichts dieser Sachlage ist es außerordentlich wichtig, sich über den unverändert reaktionären und aggressiven Charakter des Imperialismus, über die Schwere und Härte der Auseinandersetzung zwischen Sozialismus und Imperialismus nicht den geringsten Illusionen hinzugeben. Der im internationalen Maßstab sich verschärfende Klassenkampf zwischen den beiden antagonistischen Grundklassen und ihren Gesellschaftsordnungen verlangt von jedem eine klare Entscheidung. Die Erfahrung bestätigt deutlich genug, daß es hier keinen Mittelweg und keine Halbheiten geben kann, weil der Gegensatz zwischen Monopolbourgeoisie und Arbeiterklasse antagonistischer Natur ist, also nur auf revolutionärem Wege beseitigt werden kann.“ 3 (S. 503 f.)

56 „Die Kräfte, die den Kapitalismus schwächen, wirken weiter. Mit allen ihm zur Verfügung stehenden Mitteln versucht er, seine Existenz zu behaupten. Gewalt und Zwang verbindet er mit Zugeständnissen, mit Reformen von oben, mit verfeinerten Methoden der ideologischen Beeinflussung der Menschen. Der bürgerliche Staat unserer Tage versucht, die ökonomischen Krisen einzudämmen bzw. abzuschwächen, er geht zur Einflußnahme auf das ökonomische Leben, zur Anwendung von Elementen der Planung und Prognose der kapitalistischen Produktion über. Diese und andere Selbsterhaltungsmaßnahmen, zu denen die imperialistische Bourgeoisie greift, bringen zeitweilige Resultate. Aber sie können die tiefen inneren Widersprüche des historisch überholten Systems nicht beseitigen. Der Imperialismus vertieft die soziale und nationale Ungleichheit, er bekämpft die gerechte Verteilung der materiellen und geistigen Werte zwischen den Menschen und Völkern und gebiert Militarismus und verheerende Kriege. Keine Anstrengung der herrschenden Kräfte des Feudalismus konnte diesen vor dem Untergang bewahren und den Übergang der Gesellschaft zu einer höheren Entwicklungsstufe verhindern. Diesem Schicksal entgeht auch der Kapitalismus nicht. Die Entwicklung der Menschheit geht gesetzmäßig der klassenlosen kommunistischen Gesellschaft entgegen.“ 1 (S. 560)

57 „Eine revolutionäre Situation ist die Gesamtheit der sozialen und politischen Bedingungen, die für eine Revolution notwendig sind. Ihre Merkmale können sich in den verschiedenen Etappen der historischen Entwicklung verändern, in jedem Falle aber setzt sie eine Krise der alten Ordnung voraus. Lenin definierte ihre Merkmale folgendermaßen: erstens eine Krise der ‚oberen Schichten‘, eine Krise der Politik der herrschenden Klassen, die ihre Herrschaft nicht mehr auf die bisherige Art aufrechterhalten können; zweitens eine Ver-

schärfung der Not und des Leidens der Unterdrückten, die über das gewöhnliche Maß hinausgeht; drittens als Folge davon, eine bedeutende Erhöhung der Aktivität der Massen, die sich in einer ‚friedlichen' Epoche ruhig ausplündern lassen, in den stürmischen Zeiten der Krise aber durch die gesamte Situation zum selbständigen historischen Handeln gedrängt werden.

Obwohl zu den Merkmalen der revolutionären Situation auch das Niveau des revolutionären Bewußtseins der Massen gehört (die Erhöhung ihrer Aktivität), ist die revolutionäre Situation eine objektive Bedingung der Revolution. Das wird daran deutlich, daß ihr Eintreten vom Willen einzelner Gruppen oder Parteien und selbst ganzer Klassen unabhängig ist." 1 (S. 424)

58 „Die ganze Gesellschaft spaltet sich mehr und mehr in zwei große feindliche Lager, in zwei große, einander direkt gegenüberstehende Klassen: Bourgeoisie und Proletariat."
Marx/Engels: Manifest der kommunistischen Partei. MEW 4, S. 463.

59 „Die Zentralisation der Produktionsmittel und die Vergesellschaftung der Arbeit erreichen einen Punkt, wo sie unverträglich werden mit ihrer kapitalistischen Hülle. Die Stunde des kapitalistischen Privateigentums schlägt. Die Expropriateurs werden expropriiert."
Marx: Das Kapital, Bd. I. MEW 23, S. 791.

„Mit dem Fortschreiten der kapitalistischen Akkumulation ist untrennbar die Verschärfung des Grundwiderspruchs des Kapitalismus verbunden." 4 (S. 157)

60 „In den mehr als vier Jahrhunderten seines Bestehens schuf der Kapitalismus eine tiefe Kluft zwischen der ökonomischen, politischen und kulturellen Entwicklung der Völker. Der Kolonialismus führte zur Stagnation ganzer Kontinente. Der antagonistische Charakter des Fortschritts unter kapitalistischen Bedingungen hatte zur Folge, daß in einigen dieser Länder mehr als drei Viertel der Bevölkerung Analphabeten sind. Das Lebensniveau dieser Völker ist und war zehn- bis zwölfmal niedriger als in den entwickelten kapitalistischen Staaten, und die mittlere Lebenserwartung beträgt in einigen dieser Länder kaum 30 Jahre. Der Kapitalismus hindert den weiteren Fortschritt der Menschheit, die Ausnutzung der Ergebnisse des menschlichen Genius im Interesse der Menschheit. Solange der Kapitalismus besteht, bleibt die Gefahr eines vernichtenden thermonuklearen Krieges gefährliche Möglichkeit." 1 (S. 552 f.)

61 „Die Ablösung des bürgerlichen Staates durch den proletarischen ist ohne gewaltsame Revolution unmöglich." Lenin: Staat und Revolution. Werke 25, S. 413.

Aufgabe und Organisation des Proletariats

62 „Die historische Mission der Arbeiterklasse ist die gesetzmäßige Konsequenz ihrer sozialökonomischen Lage im Kapitalismus. Marx und Engels schrieben dazu: ‚Es handelt sich nicht darum, was dieser oder jener Proletarier oder selbst das ganze Proletariat als Ziel sich einstweilen vorstellt. Es handelt sich darum, was es ist und was es diesem Sein gemäß geschichtlich zu tun gezwungen sein wird. Sein Ziel und seine geschichtliche Aktion ist in seiner eignen Lebenssituation wie in der ganzen Organisation der heutigen bürgerlichen Gesellschaft sinnfällig, unwiderruflich vorgezeichnet'* . . ." 2 (S. 431)

*Marx/Engels: Die heilige Familie. MEW 2, S. 38

63 „Die Arbeiterklasse lernt im Klassenkampf, in ihm sammelt sie politische Erfahrungen und wird sich ihrer Kraft bewußt. Aber sie wird erst dann eine unüberwindliche Kraft, sie erkennt nur dann Ziel, Weg und Methoden ihres Kampfes, wenn die marxistisch-leninistische Partei das sozialistische Bewußtsein in die Arbeiterklasse hineinträgt, den Marxismus-Leninismus mit der Arbeiterbewegung verbindet." 2 (S. 433)

64 „Die kommunistische Revolution wird daher keine bloß nationale, sie wird eine in allen zivilisierten Ländern, d. h. wenigstens in England, Amerika, Frankreich und Deutschland

gleichzeitig vor sich gehende Revolution sein . . . Sie ist eine universelle Revolution . . ."
Engels: Grundsätze des Kommunismus. MEW 4, S. 374 f.

65 „Das russische Proletariat kann die sozialistische Revolution nicht allein mit seinen eigenen Kräften siegreich vollenden. Es kann aber der russischen Revolution eine Schwungkraft verleihen, die die besten Voraussetzungen für die sozialistische Revolution schafft, sie gewissermaßen beginnt." Lenin: Abschiedsbrief an die Schweizer Arbeiter. Werke 23, S. 385.
„. . . es ist eine absolute Wahrheit, daß wir ohne die deutsche Revolution verloren sind . . ." Lenin: Referat über Krieg und Frieden. Werke 27, S. 85.

66 „Die Geschichte aller Länder zeugt davon, daß die Arbeiterklasse ausschließlich aus eigener Kraft nur ein trade-unionistisches Bewußtsein hervorzubringen vermag, d. h. die Überzeugung von der Notwendigkeit, sich in Verbänden zusammenzuschließen, einen Kampf gegen die Unternehmer zu führen, der Regierung diese oder jene für die Arbeiter notwendigen Gesetze abzutrotzen u. a. m." Lenin: Was tun? Werke 5, S. 385 f.

67 „Bürgerliche Sozialwissenschaftler und Anhänger des Reformismus, rechtssozialistische Ideologen, bestreiten die Gesetzmäßigkeit des Klassenkampfes und behaupten, die Triebkraft des Fortschritts sei die ‚Zusammenarbeit der Klassen'. In Wirklichkeit aber ist der revolutionäre Klassenkampf die Triebkraft der Entwicklung antagonistischer Klassengesellschaften. Wie wir wissen, hat die marxistische Dialektik die Quelle jeglicher Entwicklung im Kampf gegensätzlicher Kräfte und Tendenzen entdeckt. In der Klassengesellschaft setzt sich dieses Gesetz der Dialektik im Klassenkampf durch." 1 (S. 350)

68 „Das politische Klassenbewußtsein kann dem Arbeiter nur von außen gebracht werden, d. h. aus einem Bereich außerhalb des ökonomischen Kampfes, außerhalb der Sphäre der Beziehungen zwischen Arbeitern und Unternehmern." Lenin: Was tun? Werke 5, S. 436.

69 „Der Organisationsaufbau der Partei beruht auf dem Prinzip des demokratischen Zentralismus. Dieser Grundsatz besagt:

a) daß alle Parteiorgane von unten bis oben demokratisch gewählt werden;

b) daß die gewählten Parteiorgane zur regelmäßigen Berichterstattung über ihre Tätigkeit vor den Organisationen verpflichtet sind, durch die sie gewählt wurden;

c) daß alle Beschlüsse der höheren Parteiorgane verbindlich sind, straffe Parteidisziplin zu üben ist und die Minderheit sowie der einzelne sich den Beschlüssen der Mehrheit diszipliniert unterordnet."

Statut der SED, angenommen auf dem VI. Parteitag am 19. 1. 1963. Art. 23.

70 „Die politische Partei kann nur die Minderheit der Klasse erfassen, ebenso wie die wirklich klassenbewußten Arbeiter in jeder kapitalistischen Gesellschaft nur die Minderheit aller Arbeiter bilden. Deshalb müssen wir anerkennen, daß nur diese bewußte Minderheit die breiten Arbeitermassen leiten und mit sich führen kann."
Lenin: Rede über die Rolle der Kommunistischen Partei. Werke 31, S. 223.

71 „Keine einzige wichtige politische oder organisatorische Frage wird in unserer Republik von irgendeiner staatlichen Institution ohne Direktiven des Zentralkomitees unserer Partei entschieden."
Lenin: Der „linke Radikalismus", die Kinderkrankheit des Kommunismus. Werke 31, S. 32.

72 „Die Lehre vom Klassenkampf . . . führt notwendig zur Anerkennung der politischen Herrschaft des Proletariats, seiner Diktatur." Lenin: Staat und Revolution. Werke 25, S. 416.
„Die Diktatur des Proletariats ist ein geschichtlich notwendiges Resultat der Lösung der Machtfrage in der sozialistischen Revolution, der Beseitigung der bürgerlichen Klassenherrschaft. Sie ist die entscheidende politische Grundlage für den Aufbau des Sozialismus und Kommunismus." 2 (S. 495)

73 „Zwischen der kapitalistischen und der kommunistischen Gesellschaft liegt die Periode der revolutionären Umwandlung der einen in die andre. Der entspricht auch eine politische

Übergangsperiode, deren Staat nichts andres sein kann als die revolutionäre Diktatur des Proletariats."

Marx: Randglossen zum Programm der deutschen Arbeiterpartei. MEW 19, S. 28.

74 „Die Diktatur des Proletariats, die Periode des Übergangs zum Kommunismus, wird zum ersten Mal Demokratie für das Volk, für die Mehrheit bringen, aber zugleich wird sie notwendigerweise eine Minderheit, die Ausbeuter, niederhalten."

Lenin: Staat und Revolution. Werke 25, S. 476 f.

„Die proletarische Bewegung ist die selbständige Bewegung der ungeheuren Mehrzahl im Interesse der ungeheuren Mehrzahl."

Marx/Engels: Manifest der Kommunistischen Partei. MEW 4, S. 473.

75 „Das Proletariat ergreift die Staatsgewalt und verwandelt die Produktionsmittel zunächst in Staatseigentum. Aber damit hebt es sich selbst als Proletariat, damit hebt es alle Klassenunterschiede und Klassengegensätze auf und damit auch den Staat als Staat . . . Indem er endlich tatsächlich Repräsentant der ganzen Gesellschaft wird, macht er sich selbst überflüssig . . . Der erste Akt, worin der Staat wirklich als Repräsentant der ganzen Gesellschaft auftritt – die Besitzergreifung der Produktionsmittel im Namen der Gesellschaft –, ist zugleich sein letzter selbständiger Akt als Staat. Das Eingreifen einer Staatsgewalt in gesellschaftliche Verhältnisse wird auf einem Gebiete nach dem andern überflüssig und schläft dann von selbst ein. An die Stelle der Regierung über Personen tritt die Verwaltung von Sachen und die Leitung von Produktionsprozessen. Der Staat wird nicht ‚abgeschafft', er stirbt ab."

Engels: Die Entwicklung des Sozialismus von der Utopie zur Wissenschaft. MEW 19, S. 223 f.

76 „Die Volksmassen sehen in der kommunistischen Partei die Verkörperung ihrer eigenen Klugheit, ihrer Ehre und ihres Gewissens. Die Werktätigen der sozialistischen Gesellschaft halten es für eine Ehre, der Partei anzugehören, die die besten Menschen des Volkes vereint und die den Kampf der Volksmassen für die Erfüllung der größten und edelsten geschichtlichen Aufgabe leitet – den Kampf für den Aufbau des Sozialismus und des Kommunismus.

Die marxistisch-leninistische Partei ist deshalb das Gewissen des Volkes, weil sie eindeutig zum Ausdruck bringt, was das Volk für gerecht hält, weil bei ihr Wort und Tat übereinstimmen, weil sie niemals das Volk betrügt, sondern ihm zuverlässig und treu dient."

Schischkin: Grundlagen der marxistischen Ethik. Berlin 1964, S. 531.

Dialektik

77 „Das Wort ‚Dialektik' ist von dem Altgriechischen ‚dialegomai' abgeleitet, was einen Streit, eine Polemik führen bedeutet. In der Antike verstand man unter Dialektik, im Streit der Meinungen, durch das Aufdecken von Widersprüchen in den Gedanken des Gesprächspartners die Wahrheit zu ermitteln." 1 (S. 26)

78 „Was heißt Negation? Im Alltagsbewußtsein ist der Begriff Negation mit der Bedeutung des Nein-Sagens, des Verneinens, des Verwerfens und Ablehnens verbunden. Ohne Zweifel gehört das Verwerfen zur Negation. Die Dialektik betrachtet aber die Negation als Moment der Entwicklung, und in diesem Zusammenhang hat der Begriff Negation einen tieferen Sinn als im üblichen Wortgebrauch. ‚Negieren in der Dialektik heißt nicht einfach nein sagen, oder ein Ding für nicht bestehend erklären, oder es in beliebiger Weise zerstören'+, sagte Engels. Der Sinn der Negation liegt darin, daß sie zugleich eine weitere, positive Entwicklung bedingt . . .

Die dialektische Negation als Bedingung und Moment jeder Entwicklung bringt den Zusammenhang zwischen Altem und Neuem im Entwicklungsprozeß zum Ausdruck. Ohne Altes kann nichts Neues entstehen, die vorangegangene Entwicklung ist die Grundlage für das Entstehen neuer Formen ... Aber das Alte muß aufgehoben werden, wenn das Neue entstehen soll, aufgehoben durch das Neue. So ist jede dialektische Negation zugleich auch ‚positiv'. Und das auch in dem Sinne, daß das Alte nicht einfach beseitigt, sondern im Neuen aufbewahrt, durch dieses auf höherer Stufe fortgesetzt wird." 1 (S. 144 f.)

+ Engels: Herrn Eugen Dührings Umwälzung der Wissenschaft. MEW 20, S. 132.

79 Engels: Herrn Eugen Dührings Umwälzung der Wissenschaft. MEW 20, S. 131 f.

80 Engels: Herrn Eugen Dührings Umwälzung der Wissenschaft. MEW 20, S. 126.

81 „Es ist also die Geschichte der Natur wie der menschlichen Gesellschaft, aus der die Gesetze der Dialektik abstrahiert werden. Sie ist eben nichts andres als die allgemeinsten Gesetze dieser beiden Phasen der geschichtlichen Entwicklung wie des Denkens selbst. Und zwar reduzieren sie sich der Hauptsache nach auf drei:
das Gesetz des Umschlagens von Quantität in Qualität und umgekehrt;
das Gesetz von der Durchdringung der Gegensätze;
das Gesetz von der Negation der Negation."

Engels: Dialektik der Natur. MEW 20, S. 348.

82 „Jede qualitative Veränderung verläuft in Form eines Sprunges." 1 (S. 130)

83 „Der Sprung ist eine Entwicklungsphase, die bedeutend schneller verläuft als die Phase der kontinuierlichen Entwicklung. Es ist die Phase der intensivsten Entwicklung, in der das Alte, Überlebte umgewandelt und der Platz für neue, höhere Entwicklungsstufen frei gemacht wird. So erteilen soziale Revolutionen der Entwicklung des materiellen und geistigen Lebens der Gesellschaft einen mächtigen Impuls." 1 (S. 130)

84 „Dieses Gesetz erklärt eine der wichtigsten Besonderheiten der dialektischen Entwicklung: Bewegung und Entwicklung vollziehen sich als Selbstbewegung und Selbstentwicklung. Die Begriffe ‚Selbstbewegung' und ‚Selbstentwicklung' haben vor allem einen tiefen materialistischen Sinn. Sie bedeuten, daß sich die Welt nicht infolge irgendwelcher äußeren Ursachen, sondern kraft eigener Gesetze, der Bewegungsgesetze der Materie selbst entwickelt." 1 (S. 136)

85 „Dieses Grundgesetz der Dialektik deckt die innere Quelle aller Bewegung und Entwicklung in der materiellen Welt auf, weist nach, daß die Bewegung und Entwicklung Selbstbewegung und Selbstentwicklung ist, und widerlegt damit ebenso alle metaphysischen Konzeptionen über irgendeinen ‚ersten Anstoß' sowie alle idealistischen Auffassungen, die die Triebkraft der Bewegung und Entwicklung ebenfalls außerhalb der materiellen Prozesse, letztlich in ‚Gott', suchen. Das Gesetz der Einheit und des Kampfes der Gegensätze ist daher untrennbar sowohl mit der materialistischen Grundposition unserer Weltanschauung als auch mit ihrem konsequent atheistischen Charakter verbunden." 2 (S. 199)

86 Engels: Herrn Eugen Dührings Umwälzung der Wissenschaft. MEW 20, S. 112.

87 „Der ökonomische Kampf für Tagesforderungen ist für die Arbeiterklasse von lebenswichtiger Bedeutung. Doch dieser Kampf kann der Arbeiterklasse nicht die Befreiung von Ausbeutung, Not und Unsicherheit bringen." 1 (S. 352)
„Die marxistisch-leninistischen Parteien begreifen Reformen nicht als Selbstzweck; sie ordnen den Kampf um Reformen der grundlegenden Aufgabe unter, den Kapitalismus auf revolutionärem Wege zu stürzen und den Kommunismus aufzubauen." 2 (S. 194 f.)
„Die Mittel und Methoden des politischen Klassenkampfes sind vielfältig.
Sie bilden gewisse Stufen des revolutionären Kampfes: Ausnutzung der legalen Positionen, wie zum Beispiel die Teilnahme an bürgerlichen Wahlen, Ausnutzung des bürgerlichen Parlaments, Kampf um demokratische Reformen (für wirkliche Mitbestimmung), Kampf um eine antiimperialistische Einheitsfront mit dem Nahziel der Erkämpfung eines antimonopolistischen demokratischen Regimes, politischer Generalstreik und – abhängig von den konkret-historischen Bedingungen – bewaffneter Aufstand." 2 (S. 437)

88 „Mit der Verschärfung aller dem Kapitalismus innewohnenden Widersprüche und dem Beginn seiner allgemeinen Krise verschärfen sich auch alle reaktionären Züge der bürgerlichen Ideologie. Die Illusionen von der unbegrenzten Fortschrittlichkeit und Harmonie der kapitalistischen Ordnung, der Aussöhnbarkeit ihrer Antagonismen und Konflikte zerbrechen an der Realität.“ 2 (S. 548)

89 „Nichtantagonistische Widersprüche sind jene zwischen Klassen und sozialen Kräften, deren Lebensbedingungen durch die Gemeinsamkeit der grundlegenden Ziele und Interessen bestimmt sind. Solche Widersprüche existieren zwischen den Klassen der Werktätigen – der Arbeiterklasse und der Bauernschaft – und zwischen einzelnen Elementen der sozialistischen Gesellschaft. Nichtantagonistischen Charakter haben auch die Widersprüche in der Entwicklung der sozialistischen Produktionsweise, des Staates und anderer Formen des gesellschaftlichen Lebens im Sozialismus sowie beim Übergang der sozialistischen Gesellschaftsordnung zur kommunistischen. Die wichtigste Besonderheit solcher Widersprüche besteht darin, daß sie sich nicht mehr notwendig so weit zuspitzen, bis die entgegengesetzten Seiten und Tendenzen zu feindlichen Extremen werden. Die Einheit der Interessen der gesamten Gesellschaft macht ihre allmähliche Überwindung auf dem Wege der planmäßigen ökonomischen und politischen Tätigkeit, der Veränderung der Bedingungen, die sie hervorrufen, und der ideologischen Tätigkeit möglich.“ 1 (S. 139)

90 „Im Leben der Gesellschaft unterscheiden wir antagonistische und nichtantagonistische Widersprüche. Antagonistische Widersprüche basieren auf dem Privateigentum an Produktionsmitteln. Sie bestimmen das Wesen und die Entwicklung von Ausbeuterformationen. Sie sind Widersprüche, in denen einander feindliche gegensätzliche Seiten und Tendenzen gegenüberstehen und wechselseitig aufeinander einwirken. Sie existieren vor allem zwischen Klassen und anderen sozialen Gruppen, deren Interessen von Grund auf unvereinbar sind . . . Der antagonistische Charakter der Widersprüche bestimmt die Formen ihrer Entwicklung und die Arten ihrer Lösung. Diese Widersprüche machen zu ihrer Lösung in diesem oder jenem Grade Gewaltanwendung nötig. Der antagonistische Widerspruch zwischen Arbeiterklasse und Bourgeoisie wird zum Beispiel durch scharfen, unversöhnlichen Klassenkampf ausgetragen, der schließlich zur sozialen Revolution führt und durch sie gelöst wird. Ohne Klassenkampf, ohne sozialistische Revolution und Diktatur des Proletariats ist die Lösung dieses Widerspruchs unmöglich.

Demgegenüber existieren nichtantagonistische Widersprüche zwischen solchen Klassen und sozialen Gruppen, deren Grundinteressen übereinstimmen, ungeachtet dessen, daß es in spezifischen, nebengeordneten Interessen Nichtübereinstimmung geben kann. Nichtantagonistische Widersprüche, basierend auf der Grundlage des gesellschaftlichen Eigentums an den Produktionsmitteln bestimmen die Entwicklung der kommunistischen Gesellschaftsformation. Sie lassen sich ohne Anwendung gewaltsamer Mittel lösen und führen nicht notwendig zu ihrer Verschärfung und Vertiefung. Ihre Lösung dient der immer größeren Festigung der sozialistischen Gesellschaft.“ 2 (S. 211 f.)

91 „Durch das Wirken des Gesetzes der Negation der Negation hat die Entwicklung nicht die Gestalt einer Linie, sondern eines Kreises, bei dem der Endpunkt mit dem Anfangspunkt zusammenfällt. Da sich jedoch Anfangs- und Endpunkt nicht treffen, sondern der Endpunkt auf einer höheren Ebene liegt, erhält die Entwicklung die Gestalt einer Spirale; jeder Kreis, das heißt jede Windung, bedeuten das Fortschreiten zu einem höheren Entwicklungszustand. In diesem Sinne wird in der dialektischen Entwicklungstheorie von der Entwicklung in Form einer ‚Spirale‘ gesprochen.“ 1 (S. 147)

92 „Der Gesamtverlauf der Entwicklung stellt keineswegs eine einfache, geradlinige Bewegung dar. Die Entwicklung erfolgt widersprüchlich, mit Unterbrechungen des Fortschreitens, mit Umschlagen der Gegensätze ineinander. In der Bewegung und Entwicklung der Dinge

und Erscheinungen sind ihre Aufeinanderfolge, ihre Wiederholbarkeit, ihr Fortschreiten im Sinne der Höherentwicklung untrennbar miteinander verbunden." 2 (S. 226)

93 „Wissen ist adäquate, an der gesellschaftlichen Praxis überprüfte Widerspiegelung der Wirklichkeit." 1 (S. 193)

94 „Unsere Lehre, sagte Engels von sich und seinem berühmten Freund, ist kein Dogma, sondern eine Anleitung zum Handeln." Lenin: Über einige Besonderheiten der historischen Entwicklung des Marxismus. Werke 17, S. 23.

95 „Auf der Objektivität der Wahrheit beruht der erkenntnistheoretische Optimismus der dialektisch- materialistischen Philosophie. Die wissenschaftliche Weltanschauung der revolutionären Arbeiterklasse geht von der millionenfach bestätigten Gewißheit aus, daß die Menschen die Welt so zu erkennen vermögen, wie sie wirklich ist, daß ihnen die objektiven Entwicklungsgesetze der Natur und Gesellschaft nicht verschlossen sind, sondern daß sie durchschaut und zum Wohle der Menschheit praktisch angewendet werden können." 3 (S. 235)

96 „Die fortschrittlichen gesellschaftlichen Kräfte erkennen die objektiven Gesetze der gesellschaftlichen Entwicklung und handeln demzufolge nicht blind, nicht spontan, sondern mit Bewußtheit, also frei . . .

Solange die sozialen Gesetze nicht erkannt sind und solange die Menschen ihnen zuwiderhandeln, treten diese Gesetze als den Menschen feindliche, spontante Kräfte in Erscheinung. Sobald jedoch diese Gesetze erkannt sind, ihr Charakter, ihre Wirkungsbedingungen und die Richtung dieses Wirkens bekannt geworden sind, ist es den Menschen möglich, sie zu beherrschen und auszunutzen. Im Sozialismus sind die von der Partei geführten Volksmassen in der Lage, aus der Kenntnis der objektiven Gesetze handelnd, in ständig zunehmenden Maße ihre Ziele zu erreichen." 1 (S. 269, 270 f.)

97 „Die wissenschaftliche Weltanschauung der Arbeiterklasse ist mit keinerlei Fideismus vereinbar: sie trägt einen konsequent atheistischen Charakter. Die Überwindung des religiösen Bewußtseins ist eine wesentliche ideologische Seite des Emanzipationskampfes der Arbeiterklasse. Damit die Arbeiterklasse sich zum bewußten revolutionären Kampf erheben kann, muß sie die fundamentale atheistische Überzeugung haben, daß ihre Lage und Mission nicht übernatürlicher, göttlicher Fügung entspringt, sondern in ebenso materiellen und gesetzmäßig bedingten wie durch revolutionäres Handeln zu überwindenden Verhältnissen wurzelt. Selbstbefreiung der Arbeiter und religiöser Glaube schließen einander aus." 2 (S, 585)

98 „Auch in bezug auf die Entwicklungsgesetze der menschlichen Gesellschaft stellt die Praxis ein unanfechtbares Wahrheitskriterium dar. Solange der wissenschaftliche Sozialismus nur das theoretische Kampfziel der revolutionären Arbeiterbewegung markierte, konnte man vielleicht noch über seine Wahrheit streiten. Nachdem aber mit der Großen Sozialistischen Oktoberrevolution die Lehren von Marx, Engels und Lenin auf einem Sechstel der Erde lebendige Wirklichkeit wurden, nachdem sich die neue Gesellschaft, beruhend auf der Macht der Arbeiterklasse und dem sozialistischen Eigentum an den Produktionsmitteln, erfolgreich entwickelte, waren unzählige abstrakte Debatten, antikommunistische Lügen und andere reaktionäre Ideologien praktisch widerlegt . . .

Die Praxis gibt unserem Bewußtsein eine objektive Bestätigung und treibt so den Prozeß unserer Erkenntnis voran." 3 (S. 239–242)

99 „Karl Marx hat bewiesen, daß die Entwicklung der Gesellschaft ein gesetzmäßiger naturgeschichtlicher Prozeß ist, der sich vor der Entstehung des Sozialismus spontan vollzieht. Erst im Sozialismus sind die objektiven Bedingungen herangereift, um die Gesetze der gesellschaftlichen Entwicklung planmäßig zu nutzen und das gesellschaftliche Leben wissenschaftlich zu leiten.

Der Marxismus-Leninismus ist die allgemeine methodologische Grundlage der Theorie von der Leitung der sozialistischen Gesellschaft. Der wissenschaftliche Kommunismus formuliert die wichtigsten Prinzipien, Methoden und Aufgaben der Leitung sozialer Prozesse."

5 (S. 433)

100 „Die Anerkennung des objektiven Charakters der Gesetze der menschlichen Gesellschaft ist ein grundlegendes Prinzip des dialektischen und historischen Materialismus. Es ist von entscheidender Bedeutung für die Wissenschaftlichkeit der Politik der Partei der Arbeiterklasse.

Der objektive Charakter der gesellschaftlichen Gesetze ist nicht nur theoretisch bewiesen, sondern auch in der Praxis bestätigt." 2 (S. 174)

101 „In der Dialektik verkörpert sich das revolutionäre Wesen unserer Weltanschauung."

2 (S. 162)

102 „Wir weisen demnach eine jede Zumutung zurück, uns irgendwelche Moraldogmatik als ewiges, endgültiges, fernerhin unwandelbares Sittengesetz aufzudrängen, unter dem Vorwand, auch die moralische Welt habe ihre bleibenden Prinzipien, die über der Geschichte und den Völkerverschiedenheiten stehen. Wir behaupten dagegen, alle bisherige Moraltheorie sei das Erzeugnis, in letzter Instanz, der jedesmaligen ökonomischen Gesellschaftslage. Und wie die Gesellschaft sich bisher in Klassengegensätzen bewegte, so war die Moral stets eine Klassenmoral; entweder rechtfertigte sie die Herrschaft und die Interessen der herrschenden Klasse, oder aber sie vertrat, sobald die unterdrückte Klasse mächtig genug wurde, die Empörung gegen diese Herrschaft und die Zukunftsinteressen der Unterdrückten . . . Eine über den Klassengegensätzen und über der Erinnerung an sie stehende, wirklich menschliche Moral wird erst möglich auf einer Gesellschaftsstufe, die den Klassengegensatz nicht nur überwunden, sondern auch für die Praxis des Lebens vergessen hat."

Engels: Herrn Eugen Dührings Umwälzung der Wissenschaft. MEW 20, S. 87 f.

103 „Sittlich ist, was der Zerstörung der alten Ausbeutergesellschaft und dem Zusammenschluß aller Werktätigen um das Proletariat dient, das eine neue, die kommunistische Gesellschaft aufbaut. Die kommunistische Sittlichkeit ist eine Sittlichkeit, die diesem Kampf dient und die Werktätigen zusammenschließt . . .

An eine ewige Sittlichkeit glauben wir nicht, und wir entlarven den Betrug, der durch alle möglichen Märchen über Sittlichkeit verbreitet wird . . .

Die Grundlage der kommunistischen Sittlichkeit ist der Kampf für die Festigung und Vollendung des Kommunismus."

Lenin: Die Aufgaben der Jugendverbände. Werke 31, S. 283–285.

104 „Wie kann man nun das wahre Wesen eines Krieges erkennen, wie kann man es bestimmen? Der Krieg ist die Fortsetzung der Politik. Man muß die Politik vor dem Krieg, die Politik, die zum Krieg geführt und ihn herbeigeführt hat, studieren. War die Politik imperialistisch, das heißt, verteidigte sie die Interessen des Finanzkapitals, war sie eine Politik der Ausplünderung und Unterdrückung von Kolonien und fremden Ländern, dann ist auch der Krieg, der sich aus dieser Politik ergibt, ein imperialistischer Krieg. War die Politik eine Politik der nationalen Befreiung, das heißt, war sie Ausdruck der Massenbewegung gegen die nationale Unterdrückung, dann ist der Krieg, der sich aus dieser Politik ergibt, ein nationaler Befreiungskrieg."

Lenin: Über eine Karikatur auf den Marxismus und über den „imperialistischen Ökonomismus". Werke 23, S. 23.

„Wenn die Klasse der Ausbeuter einen Krieg führt, um ihre Herrschaft als Klasse zu stärken, so ist das ein verbrecherischer Krieg, und die ‚Vaterlandsverteidigung' in einem solchen Krieg ist eine Niedertracht und ein Verrat am Sozialismus. Wenn das Proletariat, das bei sich die Bourgeoisie besiegt hat, einen Krieg führt zur Festigung und Entwicklung des Sozialismus, dann ist der Krieg berechtigt und ‚heilig'."

Lenin: Über „linke" Kinderei und Kleinbürgerlichkeit. Werke 27, S. 324.

105 „Das große und erhabene Ziel, den Frieden in der Welt zu erhalten, die Demokratie zu erkämpfen, die Werktätigen von Ausbeutung und Unterdrückung aller Art – ökonomischer, sozialer, nationaler und Rassenunterdrückung – zu befreien und eines jeden Menschen Würde zu entfalten, verlangt Unversöhnlichkeit und Haß gegen alles, was sich dem entgegenstellt.

Der Haß darf nicht nur ein inneres Gefühl des Menschen sein. Er muß seinen Ausdruck im unversöhnlichen Kampf mit den Gegnern des Volkes finden."

Schischkin: Grundlagen der marxistischen Ethik. Berlin 1964, S. 366.

106 „Die Lehre von Karl Marx ist allmächtig, weil sie wahr ist. Sie ist in sich geschlossen und harmonisch, sie gibt den Menschen eine einheitliche Weltanschauumg, die sich mit keinerlei Aberglauben, keinerlei Reaktion . . . vereinbaren läßt."

Lenin: Drei Quellen und drei Bestandteile des Marxismus. Werke 19, S. 3 f.

107 „Der Materialismus stellt nicht eine ‚vorwiegend wissenschaftliche Auffassung der Geschichte' dar, wie Herr Michailowski meint, sondern ihre einzige wissenschaftliche Auffassung." Lenin: Was sind die „Volksfreunde"? Werke 1, S. 133.

ZUR GEISTESGESCHICHTLICHEN ENTWICKLUNG DES MARXISMUS-LENINISMUS

Vorläufer

Thomas More (lat.: Morus), 1478–1535
engl. Jurist, Staatsphilosoph, 1529–1532 Lordkanzler, als Hochverräter hingerichtet
Aufbauend auf Vorstellungen Platons von einem idealen „Staat", beschreibt More in Frontstellung gegen die gesellschaftlichen Zustände in seiner Heimat einen Inselstaat, der auf kollektivem Eigentum gründet und durch eine allgemeine Arbeitspflicht sowie religiöse Toleranz gekennzeichnet ist. Seine Verwirklichung sollte nicht durch revolutionäre Gewalt, sondern durch den Appell an Vernunft und Gewissen angestrebt werden.

1516 „Utopia"

Tommaso Campanella, 1568–1639
ital. Philosoph und Theologe, Dominikaner
Unter dem Einfluß von Thomas More entwirft Campanella einen Zukunftsstaat, in dem Priesterphilosophen – gestützt auf die göttliche Weisheit, die sich in der Naturerkenntnis und in der Bibel erschließt – ein Gemeinwesen der Gleichen leiten.

1602 „Der Sonnenstaat"

Frühsozialisten (utopische Sozialisten)

Vorbemerkung: Die Ideen, die wir üblicherweise unter die Begriffe „Sozialismus" und „Kommunismus" einordnen, reichen mit ihren Wurzeln in die Zeit der Französischen Revolution und das beginnende industrielle Zeitalter zurück und gehen damit ihrer Begriffsgeschichte voraus. Die Bezeichnung „Sozialismus" wird um das Jahr 1830 in das politische Vokabular Frankreichs eingebracht und ist seit Pierre Leroux' Abhandlung „Über Individualismus und Sozialismus" (1833) als programmatische Standortbestimmung gebräuchlich, von „Kommunismus" wird seit 1840 vor allem unter Bezugnahme auf Étienne Cabet (s. u.!) gesprochen, obwohl sich revolutionäre Geheimgesellschaften in Frankreich schon 1839/1840 als „kommunistisch" bezeichnet haben. Eine scharfe begriffliche Unterscheidung zwischen Sozialismus und Kommunismus wurde im Bewußtsein des 19. Jahrhunderts kaum vorgenommen, auch Marx und Engels tauschen die Termini „sozialistisch" und „kommunistisch" bis zum Ende ihres Lebens häufig aus. Beide haben in ihren Werken die große Bedeutung der frühen Sozialisten für die Entwicklung des „wissenschaftlichen Sozialismus" häufig hervorgehoben, gleichzeitig aber den „kritisch-utopistischen Sozialismus und Kommunismus" als Durchgangsstadium kritisiert: „Die Erfinder dieser Systeme sehen zwar den Gegensatz der Klassen wie die Wirksamkeit der auflösenden Elemente in der herrschenden Gesellschaft selbst. Aber sie erblicken auf der Seite des Proletariats keine geschichtliche Selbsttätigkeit . . . Sie wollen die Lebenslage aller Gesellschaftsmitglieder, auch der bestgestellten, verbessern. Sie appellieren daher fortwährend an die ganze Gesellschaft ohne Unterschied, ja vorzugsweise an die herrschende Klasse. Man braucht ihr System ja nur zu verstehen, um es als den bestmöglichen Plan der bestmöglichen Gesellschaft anzuerkennen. Sie verwerfen daher alle politische, namentlich revolutionäre Aktion, sie wollen ihr Ziel auf friedlichem Wege erreichen und versuchen, durch kleine, natürlich fehlgeschlagene Experimente, durch die Macht des Beispiels dem neuen gesellschaftlichen Evangelium Bahn zu brechen." (MEW 4, S. 490.)

Francois-Noël (Gracchus) Babeuf, 1760–1797
Verwaltungsbeamter, Autodidakt
Unter Berufung auf die Garantien der französischen Erklärung der Menschen- und Bürgerrechte fordert Babeuf neben der formalen Gleichberechtigung die reale Gleichheit aller Menschen, die in einer „Republik der Gleichen" verwirklicht werden soll. Sein Programm enthält die allgemeine Arbeitspflicht, die zentrale Verwaltung und Verteilung der erzeugten Güter auf streng egalitärer Basis sowie die Erziehung der Jugend in nationalen Erziehungsanstalten. Babeuf sucht sein politisches Konzept einer „Volksdiktatur" durch Organisation einer revolutionären Verschwörung in die Tat umzusetzen und wird nach Entdeckung seines konspirativen Plans hingerichtet. Seine Aktivität beeinflußt zahlreiche Theoretiker einer sozialistisch-revolutionären Bewegung.

1795 „Manifest der Plebejer"
1828 Filippo Buonarroti „Babeuf und die Verschwörung für die Gleichheit"

Claude Henri de Rouvroy, Graf von Saint-Simon, 1760–1825
französischer Philosoph (verzichtete nach der Revolution auf Grafentitel)
Saint-Simon bezeichnet die Lösung der Arbeiterfrage als Hauptaufgabe der Gesellschaft und bestimmt die Politik als die „Wissenschaft von der Produktion". Er entwirft ein „System des Industrialismus". Aufgeklärte Herrscher sollen eine „Diktatur der Fähigen" errichten, die die Gesellschaft nach wissenschaftlichen Erkenntnissen führen. Seine Schüler, insbesondere Saint-Armand Bazard (1791–1832), veröffentlichen nach seinem Tode eine Aufsatzsammlung „Darstellung der Lehre Saint-Simons" (1830), in der sie die „Ausbeutung des Menschen durch den Menschen" kritisieren und die Geschichte als Geschichte von Klassenkämpfen interpretieren.

1814 „Reorganisation der europäischen Gesellschaft"
1819/20 „Der Organisator"
1823 „Katechismus für Industrielle"

Robert Owen, 1771–1858
englischer Textilfabrikant
Owen baute sein Werk in New Lamark (Schottland) zu einem sozial musterhaften Unternehmen mit Arbeiterwohnungen, Schulbauten, Arbeitsschutz, hohen Löhnen u. a. aus und schuf

nach dem Scheitern dieses Versuchs 1824 die kommunistische Siedlung „New Harmony" in Nordamerika, womit er ebenfalls erfolglos blieb. 1834 gründete er die erste allgemeine Gewerkschaft in England. Theoretische Grundlage seiner sozialen Experimente war eine Theorie der Menschheitserziehung, die von der These ausging, daß die gesellschaftliche Umwelt das Wesen des Menschen formt.

1812 „Eine neue Ansicht von der Gesellschaft"
1820 „Das Buch von der neuen Welt"
1830 „Vorlesungen über eine völlig neue Gesellschaftsordnung"
1842–44 „Das Buch der neuen moralischen Welt".

François Marie Charles Fourier, 1772–1837
franz. Kaufmannssohn, Sozialphilosoph
Von einer grundsätzlichen Kritik des Kapitalismus ausgehend, wollte Fourier den Staat in Genossenschaftsgebiete aufteilen. In sozialistischen Siedlungen und Produktionsgemeinschaften sollte jeder seinen Anlagen entsprechend eingesetzt und zur gemeinnützigen Gesinnung erzogen werden.

1808 „Theorie der vier Bewegungen und der allgemeinen Bestimmungen"
1822 „Abhandlung über die hauswirtschaftlich-landwirtschaftliche Vereinigung"
1829 „Die neue industrielle und sozietäre Welt"
1836 „Die falsche Industrie"

Étienne Cabet, 1788–1856
Sozialphilosoph
Cabet vertritt einen streng egalitären, pazifistischen Sozialismus, der das Prinzip der Brüderlichkeit in den Mittelpunkt stellt. Die Gütergemeinschaft sollte durch die Macht der Vernunft und durch persönliche Überzeugung eingeführt werden. In seiner „Reise nach Ikarien", auf deren Titelblatt die später von Marx aufgenommene Formel „Jedem nach seinen Bedürfnissen" steht (sie geht vermutlich auf Babeuf zurück), entwirft Cabet das Bild einer Gesellschaft, in der nach der Aufhebung des privaten Eigentums auf der Basis gleicher Arbeit eine zentral gesteuerte Bedürfnisbefriedigung erfolgen soll. Seine Versuche, in Amerika kommunistische Gemeinden zu gründen, schlugen fehl.

1839 „Reise nach Ikarien"
1841 „Kommunistisches Glaubensbekenntnis"

Louis-Auguste Blanqui, 1805–1881
Journalist
Durch seine praktisch-revolutionäre Tätigkeit gilt Blanqui vielfach als „die Personifizierung der intellektuellen Entwicklung des revolutionären Sozialismus in den ersten zwei Dritteln des 19. Jahrhunderts" (Spitzer). Die Hauptvoraussetzungen für den Kommunismus erblickte Blanqui in der universellen Aufklärung und Erziehung der Volksmassen. Diese erschien ihm jedoch erst nach dem Sieg der Revolution möglich. Eine aufgeklärte Elite von revolutionären Verschwörern sollte zunächst die Staatsmacht erobern, die Bourgeoisie stürzen und dann die kommunistische Gesellschaft durch Überzeugung der Massen gewaltlos durchsetzen. Blanquis Einfluß auf Lenin ist unverkennbar und zuerst von Trotzki erkannt worden.

„Instruktionen für den Aufstand" (Hrsg. F. Deppe, 1968)

Jean Joseph Louis Blanc, 1811–1882
franz. Sozialist
Blanc bemühte sich im Revolutionsjahr 1848 als Politiker um die Organisation sog. „Nationalwerkstätten" als Modell industrieller Sozialisierung. Er lehnte wie Cabet eine gewaltsame Ver-

änderung der Gesellschaft ab und wollte die soziale Frage aus dem Geist christlicher Solidarität friedlich lösen. Blanc ist einer der ersten und profiliertesten Vertreter eines demokratischen Sozialismus.

1840 „Organisation der Arbeit"

Wilhelm Weitling, 1808–1871
Schneider, deutscher Sozialist
Weitling gilt als einer der wenigen frühen Sozialismustheoretiker in Deutschland, die unmittelbar aus dem Arbeitermilieu hervorgegangen sind. Als wandernder Schneidergeselle vertrat er einen Klassenkampf der Armen gegen die Reichen und forderte die Ärmsten auf, revolutionär gegen ihr Schicksal zu kämpfen. „Kommunismus ist der Zustand einer gesellschaftlichen Organisation, in welcher alle menschlichen Kräfte in Bewegung gesetzt werden, um jedem Individuum – nach den für alle gleichen Verhältnissen – die möglichst volle Befriedigung seiner Bedürfnisse, Begierden und Wünsche oder, mit anderen Worten, den möglichst vollen Genuß seiner persönlichen Freiheit zu sichern."

1838 „Die Menschheit, wie sie ist und wie sie sein sollte"
1842 „Garantien der Harmonie und Freiheit"
1845 „Das Evangelium des armen Sünders"

Pierre Joseph Proudhon, 1809–1865
franz. Sozialphilosoph
Proudhon, der als erster den Begriff „wissenschaftlicher Sozialismus" verwendet hat, ist besonders durch seine These „Eigentum ist Diebstahl" bekannt geworden. Er wandte sich gegen jede Art von Despotismus, lehnte die Geld- und Zinswirtschaft prinzipiell ab und forderte die Bildung nichtstaatlicher Genossenschaften, die nach dem Prinzip von Gerechtigkeit und Gegenseitigkeit organisiert sein sollten (Syndikalismus). Den schrankenlosen Wettbewerb der bürgerlichen Gesellschaft verurteilte er als ein übles Prinzip, das die Menschen moralisch korrumpiert. Konsequent lehnte Proudhon jede Form politischer Herrschaft sowie jede organisierte Autorität ab, weil diese Instrumente der Unterdrückung der absoluten Freiheit des Menschen darstellten. Proudhon gilt daher als Begründer des Anarchismus.

1840 „Was ist Eigentum? "
1846 „Das System der wirtschaftlichen Widersprüche oder die Philosophie des Elends"

Philosophische Vorläufer

Vorbemerkung: Während der materialistische Atheismus der französischen Philosophie des 18. Jahrhunderts eine formale Grundlage marxistischer Gesellschaftstheorie darstellte, deren unentwickelte Gestalt als „vulgärer Materialismus" kritisiert wurde, hat die klassische idealistische deutsche Philosophie zentrale Denkanstöße für die marxistische Begriffs- und Theoriebildung gegeben. Hegels Dialektik, vom Kopf auf die Füße, d. h. auf eine materialistische Basis gestellt und Feuerbachs Weiterbildung des Materialismus sind die wichtigsten Verbindungsglieder bei der Entwicklung einer materialistischen Dialektik. Lenin urteilte: „Die Philosophie des Marxismus ist der Materialismus ... Aber Marx blieb nicht beim Materialismus des 18. Jahrhunderts stehen, er entwickelte die Philosophie weiter. Er bereicherte sie durch die Errungenschaften der klassischen deutschen Philosophie und des Hegelschen Systems, das seinerseits zum Materialismus Feuerbachs geführt hatte." (Werke 19, S. 4)

Julien Offroy de La Mettrie, 1709–1751
franz. Philosoph, Militärarzt
La Mettrie ist einer der Begründer der modernen materialistischen Philosophie. Er erklärte die menschliche Existenz im Sinne der modernen Naturwissenschaft als gesetzmäßig bestimmbar (Determinismus) und beschrieb menschliche Verhaltensweisen in Analogie zu den Funktionen einer Maschine.
1748 „Der Mensch eine Maschine"

Paul Thiry d'Holbach, 1723–1789
franz. Philosoph deutscher Herkunft
Als bedeutender Anhänger der Aufklärung und Autor zahlreicher naturwissenschaftlicher Beiträge der französischen Enzyklopädie gilt er als wichtigster Vertreter eines atheistischen Determinismus und Materialismus im 18. Jahrhundert. Aus seinen naturphilosophischen Ansichten wollte d'Holbach direkt eine materialistische Theorie der Gesellschaft ableiten.
1770 „System der Natur"
1773 „Natürliche Politik"
1773 „Gesellschaftssystem"

Immanuel Kant, 1724–1804
deutscher Philosoph, Professor in Königsberg
Kant war einer der bedeutendsten und einflußreichsten Denker der bürgerlichen Neuzeit. Das zentrale Thema seiner Philosophie ist die Frage nach den Möglichkeiten und Grenzen wissenschaftlicher Erkenntnis, die in einer Kritik an der klassischen Metaphysik gipfelt. Kants idealistischer Glaube an die Macht der Vernunft hat seine großen ethischen und politischen Schriften bestimmt, die eine aufgeklärte Weltgesellschaft im Zustand dauerhaften Friedens zum Ziele haben.
1781 „Kritik der reinen Vernunft"
1784 „Was ist Aufklärung? "
1788 „Kritik der praktischen Vernunft"
1795 „Zum ewigen Frieden"
1797 „Metaphysik der Sitten" u. a.

Johann Gottlieb Fichte, 1762–1814
deutscher Philosoph; 1811/12 erster gewählter Rektor der Universität Berlin
Fichte, von 1794–1799 Professor in Jena, verließ 1800 diese Stadt, als ihm Atheismus vorgeworfen wurde. Seine „Reden an die deutsche Nation", 1807/08 in Berlin, machten ihn berühmt. Er lehrte die Ausrichtung aller persönlichen Kräfte auf das Gemeinschaftsleben, während der Staat wiederum für alle sorgen soll. Fichte forderte den „geschlossenen Handelsstaat" mit strenger Planwirtschaft und sah den Staat als „Zwangsanstalt" zur „Gründung einer vollkommenen Gesellschaft" an. In seinen Schriften interpretierte er die Welt als Produkt unserer Vorstellung und Material unserer Tätigkeit.
1800 „Der geschlossene Handelsstaat"
1804/5 „Die Grundzüge des gegenwärtigen Zeitalters" u. a.

Georg Wilhelm Friedrich Hegel, 1770–1831
deutscher Philosoph, Professor in Jena, Heidelberg, Berlin
Hegel, Lehrer von Marx, begriff die Menschheitsgeschichte als Entfaltung eines Weltgeistes, als Verwirklichung von Ideen in einem fortschreitenden dialektischen Prozeß, der im preußischen Staat zur Vollkommenheit gelangt sei. Der Staat war „der erscheinende Gott". Im Menschen

verwirklicht sich die Vernunft nur, wenn er so lebt, daß das Göttliche sich in ihm entfalten kann. Seine Lehre hielt er für den Abschluß aller Philosophie.

1807 „Phänomenologie des Geistes"
1812/16 „Wissenschaft der Logik"
1817 „Enzyklopädie der philosophischen Wissenschaften"
1820 „Grundlagen der Philosophie des Rechts" u. a.

Auguste Comte, 1798–1859
Lehrer am Polytechnikum in Paris, zeitweise Sekretär und Freund Saint-Simons
Nach seiner Philosophie, die Comte in zahlreichen Schriften dargestellt hat, durchläuft der menschliche Geist im geschichtlichen Ablauf drei Entwicklungsstufen („Dreistadiengesetz"): das theologische oder fiktive, das metaphysische oder absolute und das wissenschaftliche oder positive Stadium. Im theologischen Stadium unterstellt der Mensch den Dingen übernatürliche Kräfte, im metaphysischen Stadium gelten Ideen als Ursachen der Erscheinungen, erst im wissenschaftlichen Stadium werden bestimmte Naturgesetze erkannt, die die positive Wissenschaft („Positivismus") begründen. Das Motto seiner Sozialtheorie lautet: „Wissen, um vorauszusehen; voraussehen, um vorzubeugen." Comte kann als einer der Begründer der Soziologie angesehen werden. Ihre Aufgabe sah er in einer vernünftigen Organisation der Gesellschaft, die sich aus einer Menschheitsreligion mit Liebe als Prinzip, Ordnung als Grundlage, Fortschritt als Ziel ergeben soll.

1830–1842 „Kurs der positiven Philosophie" u. a.

Ludwig Feuerbach, 1804–1872
Philosoph, Hegelschüler
Gott ist für Feuerbach Erzeugnis menschlicher Phantasie, Produkt der ungestillten Sehnsucht nach wahrer Menschlichkeit. Der Mensch habe in seiner Gottesvorstellung alle Eigenschaften vereinigt, die eigentlich ihm als Menschen zukämen. Gott ist Ersatz für weltliche Ungöttlichkeit. Göttliche Eigenschaften seien nur wirklich, wenn der Mensch sie praktiziere. Feuerbach fordert Religion der Arbeit statt Religion des Gebets. „Die Politik muß unsere Religion werden."

1841 „Das Wesen des Christentums"
1851 „Das Wesen der Religion" u. a.

Wirtschaftstheoretische Vorläufer

Vorbemerkung: Die klassische Nationalökonomie als die ökonomische Theorie des Zeitalters der industriellen Revolution stellt den Begriffsapparat und Problemhorizont bereit, der als Ausgangspunkt für die Marxsche Analyse der ökonomischen Verhältnisse des Kapitalismus dient. Die Begründung der Nationalökonomie, die im englischen Sprachgebrauch zumeist als „political economy" bezeichnet worden ist, leitet sich aus der Frontstellung gegenüber dem Merkantilismus ab, der als das vorherrrschende Wirtschaftskonzept des absolutistischen Staates die wirtschaftliche Initiative in den Händen des Staates konzentriert hat. Demgegenüber hat die klassische Nationalökonomie jenen Liberalismus begründet, der die freie Initiative des Bürgers zum Grundprinzip der Wirtschaft erklärte. Marx und Engels haben die theoretische Leistung der liberalen Nationalökonomie gewürdigt, gleichzeitig aber ihren Charakter als „Bereicherungswissenschaft" (Engels, MEW 1, S. 499) kritisiert. Die Bedeutung des Begründers der klassischen Nationalökonomie faßt Marx gegen Ende seines Lebens noch einmal in dem Satz zusammen: „Die Widersprüche von Adam Smith haben das Bedeutende, daß sie Probleme enthalten, die er zwar nicht löst, aber dadurch ausspricht, daß er sich widerspricht." (MEW 26. 1, S. 121)

Adam Smith, 1723–1790
engl. Philosoph, Soziologe, Nationalökonom, Professor in Glasgow
Smith gilt als Schöpfer der modernen Nationalökonomie, als Begründer ihrer klassischen (liberalen) Schule. Er beschrieb die Funktion des freien Marktes, der Angebot und Nachfrage durch den Preis regelt. In der insgesamt geleisteten Arbeit erblickte Smith die Quelle des Wohlstandes, in weiterer Arbeitsteilung erkannte er die Möglichkeit größerer Produktivität. Smith hielt die Wirtschaftsordnung für die beste, in der jeder frei seinen Interessen folgt und der Staat sich aller Eingriffe in die Wirtschaft enthält.
1776 „Untersuchung über die Natur und die Ursachen des Reichtums der Nationen" u. a.

Jean-Baptiste Say, 1767–1832
franz. Ökonom, Professor am College de France
Im Anschluß an Smith begründete Say die Lehre von den drei Produktionsfaktoren Boden, Kapital und Arbeit, die er als selbständige Quellen für die Einkommensformen Rente, Profit und Lohn bezeichnete (Trinitarische Formel). Er formulierte das Saysche Theorem, nach dem es keine Überproduktion geben kann, da sich die Produktion selbst ihren Absatz schafft.
1803 „Abhandlung über die politische Ökonomie" u. a.

David Ricardo, 1772–1823
engl. Nationalökonom, Bankier, ab 1819 Mitglied des Unterhauses
Schuf ein geschlossenes System der Volkswirtschaftslehre. Untersuchte insbesondere das Problem der Güterverteilung, entwickelte Arbeitswerttheorie, sah die Arbeit als entscheidenden Produktionsfaktor.
1817 „Prinzipien der politischen Ökonomie und der Besteuerung" u. a.

Simonde de Sismondi, 1773–1842
Schweizer Nationalökonom und Historiker
Sismondi vertrat zunächst, anknüpfend an A. Smith, eine liberale Wirtschaftsordnung, forderte später jedoch Staatseingriffe zum Schutz der Arbeiter und zur Verhinderung von Krisen, deren periodisches Auftreten er ebenso voraussah wie eine Verschärfung des Klassenkampfes bei größerer Produktivität.
1819 „Neue Prinzipien der politischen Ökonomie" u. a.

Klassiker

Karl Marx,
geb. 5. Mai 1818 in Trier, gest. 14. März 1883 in London
Marx ist Schöpfer des historischen Materialismus, nach dem sich die Entwicklung der Gesellschaft gesetzmäßig durch den stetigen Fortschritt in der Produktionsweise revolutionär zum Sozialismus – Kommunismus hin entwickelt.

1835–41	Studium in Bonn, Berlin, Promotion in Jena (Dr. phil.) Dissertation über „Die Differenz der demokritischen und epikureischen Naturphilosophie"
1842–43	freie Mitarbeit, dann Chefredakteur der Rheinischen Zeitung
1843	„Kritik des Hegelschen Staatsrechts" (1927 erstmals veröffentlicht)
1843–45	Paris
1844	„Kritik der Hegelschen Rechtsphilosophie"
1844	„Zur Judenfrage"

1844 „Ökonomisch-philosophische Manuskripte“ (1932 erstmals veröffentlicht)
1845 „Die Heilige Familie“ (mit Engels)
1845–48 Brüssel
1845/46 „Die Deutsche Ideologie“ (mit Engels; 1932 erstmals veröffentlicht)
1847 „Das Elend der Philosophie“
1848 „Manifest der Kommunistischen Partei“ (mit Engels)
1848–49 Köln, Neue Rheinische Zeitung
1849–83 London
1850 „Die Klassenkämpfe in Frankreich“
1853 „Enthüllungen über den Kommunistenprozeß zu Köln“
1857/58 „Grundrisse der Kritik der politischen Ökonomie“ (1939–1941 erstmals veröffentlicht)
1859 „Zur Kritik der politischen Ökonomie“
1864 „Inauguraladresse der Internationalen Arbeiter-Assoziation“ (zur 1. Internationale)
1867 „Das Kapital“ 1. Bd. (2. Bd. 1885, 3. Bd. 1894 von Engels herausgegeben)
1871 „Der Bürgerkrieg in Frankreich“
1875 „Kritik des Gothaer Programms“ u. a.

Friedrich Engels,
geb. 28. November 1820 in Barmen, gest. 5. August 1895, Fabrikant
Engels weitete die Marxsche Lehre zum weltanschaulichen System aus, indem er die bei Marx im Bereich der Gesellschafts- und Wirtschaftsentwicklung geltenden Prinzipien (Materialismus und Dialektik) auch als für den Gesamtbereich der Natur geltend darstellt.
1843 „Umrisse zu einer Kritik der Nationalökonomie“
1845 „Die Lage der arbeitenden Klasse in England“
1848 „Manifest der Kommunistischen Partei“ (mit Marx)
1873–1883 „Dialektik der Natur“ (1925 erstmals veröffentlicht)
1878 „Anti-Dühring“
1884 „Der Ursprung der Familie, des Privateigentums und des Staats“
1888 „Ludwig Feuerbach und der Ausgang der klassischen deutschen Philosophie“
1891 „Die Entwicklung des Sozialismus von der Utopie zur Wissenschaft“ u. a.

Wladimir Iljitsch Uljanow (Lenin)
geb. 10. April 1870 in Simbirsk, gest. 24. Januar 1924
Lenin übertrug die Marxsche Lehre auf die gesellschaftlichen und wirtschaftlichen Verhältnisse Rußlands. Sein Werk ist vor allem die theoretische Begründung und praktische Organisation der zentralistischen revolutionären Kaderpartei. Er entwickelte systematisch ihre revolutionäre politische Strategie und Taktik.
1894 „Was sind die ‚Volksfreunde‘ und wie kämpfen sie gegen die Sozialdemokraten? “
1898 „Die Aufgaben der russischen Sozialdemokraten“
1902 „Was tun? “
1905 „Zwei Taktiken der Sozialdemokratie in der demokratischen Revolution“
1909 „Materialismus und Empiriokritizismus“
1913 „Die drei Quellen und die drei Bestandteile des Marxismus“
1914/16 Hegelstudien (1929 unter dem Titel „Aus dem philosophischen Nachlaß“ veröffentlicht)
1916 „Der Imperialismus als höchstes Stadium des Kapitalismus“

1917 „Staat und Revolution"
1918 „Die proletarische Revolution und der Renegat Kautsky"
1920 „Der ‚linke Radikalismus', die Kinderkrankheit des Kommunismus" u. a.

Politiker und Theoretiker des Marxismus-Leninismus

Vorbemerkung: Die von Marx und Engels begründete revolutionäre Gesellschaftstheorie forderte gemäß dem Prinzip der Einheit von Theorie und Praxis die konkrete politische Verwirklichung ihrer Zielsetzungen. Obwohl sich nach dem Tode von Marx und Engels zahlreiche politische Bewegungen auf die marxistische Tradition berufen haben, kamen sie in der Festlegung der aktuellen Aufgaben zu unterschiedlichen Folgerungen. So entstanden verschiedene kommunistische Aktionsstrategien, in denen divergierende Vorstellungen über den richtigen Weg zum Sozialismus-Kommunismus verfochten wurden. Der Sieg der Bolschewiki in der Oktoberrevolution von 1917 führte zunächst zu einem sowjetischen Theoriemonopol innerhalb der kommunistischen Weltbewegung, das sich mit dem praktischen Erfolg legitimierte. Aber schon während der Entwicklung des Sowjetstaates in seiner Frühphase gab es konkurrierende Ansichten über die zweckmäßigste sozialistische Politik, die Stalin nur mit den Machtmitteln seines Herrschaftsapparates zum Verstummen brachte. Mit der Entstehung weiterer kommunistisch regierter Staaten nach dem Zweiten Weltkrieg wurde das theoretische und politische Konkurrenzverhältnis rivalisierender Sozialismuskonzeptionen erneut deutlich und von dem italienischen Kommunistenführer Palmiro Togliatti (1893–1964) auf den Begriff des „Polyzentrismus" gebracht.

Rosa Luxemburg, 1871–1919
polnisch-deutsche Sozialistin, mit Karl Liebknecht führendes Mitglied der am 31. 12. 1918 gegründeten KPD, 1919 ermordet
Luxemburg sah im politischen Massenstreik, den sie als „elementare Revolutionsform" bezeichnete, die wirksamste Vorbereitung einer revolutionären Massenaktion. Gegen Lenins Parteitheorie erhob sie den Vorwurf einer „mechanischen Übertragung der Organisationsprinzipien der blanquistischen Bewegung von Verschwörerzirkeln" und kritisierte, daß die Arbeiterschaft durch ein „sozialdemokratisches Zentralkomitee geleithammelt und gedrillt wird". Die Selbsttätigkeit der Arbeitermassen erhob sie dagegen zu einem zentralen Grundsatz ihres politischen Programms.
Luxemburgs Imperialismustheorie beinhaltet die Auffassung, daß eine ständige Expansion des Kapitalismus auf nichtkapitalistische Länder unvermeidlich sei, die schließlich zwangsläufig zu einer „Kette ökonomischer und politischer Katastrophen: Weltkrisen, Kriege, Revolutionen" führe.

1904 „Organisationsfragen der russischen Sozialdemokratie"
1906 „Massenstreik, Partei und Gewerkschaften"
1913 „Die Akkumulation des Kapitals"
1918 „Die russische Revolution" (1922 erstmals veröffentlicht)

Josef Wissarionowitsch Dschugaschwili (Stalin), 1879–1953
Unmittelbar nach Lenins Tod erhob Stalin dessen Auffassungen in den Rang eines verbindlichen Dogmas, indem er den „Leninismus" als „Marxismus im Zeitalter des Imperialismus" definierte und sich selbst – im Gegensatz zu Lenins Willenserklärung in seinem Testament – zum neuen politischen Führer der Sowjetunion bestimmte.
Stalins Beitrag zur Sowjetideologie bestand zunächst in der Lehre vom „Aufbau des Sozialis-

mus in einem Lande“ (1924/25). Sie begründete die Auffassung, daß die Sowjetunion nicht die Revolutionen in den westlichen Industriestaaten abwarten bzw. durch einen „Export der Revolution“ fördern müsse (wie Trotzki forderte), sondern auch unter den Bedingungen „kapitalistischer Einkreisung“ der Aufbau des Sozialismus in der UdSSR erfolgen könne. Mit den Thesen vom verschärften Klassenkampf und der maximalen Verstärkung der Rolle des Staates beim sozialistischen Aufbau suchte Stalin seinen absoluten Machtanspruch ideologisch zu rechtfertigen. Im Hinblick auf die Zwangskollektivierung der Landwirtschaft (1928–1931) entwickelte Stalin seine Theorie von der aktiven Rolle des Überbaus (d. h. der führenden politischen Institutionen) bei der Gestaltung des Sozialismus, die er im Begriff einer „Revolution von oben“ zusammenfaßte. Durch die Gründung der Kommunistischen Internationale (1919) schuf er sich ein Instrument zur theoretischen Gleichschaltung und politischen Abhängigkeit der nationalen kommunistischen Parteien. Während seiner Herrschaft als großer Theoretiker und genialer Politiker gefeiert und selbst in den Rang eines marxistischen Klassikers erhoben, wurde er seit dem XX. Parteitag der KPdSU (1956) wegen seines „Personenkultes“ kritisiert und nicht mehr als Klassiker des Marxismus-Leninismus anerkannt.

1924 „Über die Grundlagen des Leninismus“
„Zu den Fragen des Leninismus“
1938 „Über dialektischen und historischen Materialismus in: Kurzer Lehrgang der Geschichte der KPdSU (B)
1950 „Der Marxismus und die Fragen der Sprachwissenschaft“
1952 „Ökonomische Probleme des Sozialismus in der UdSSR“ u. a.

Lew Dawidowitsch Bronstein (Trotzki), 1879–1940
Zunächst einer der profiliertesten Rivalen Lenins, der dessen Parteitheorie als elitären Führungsanspruch, als Blanquismus kritisierte und warnend prophezeite: „In der inneren Politik führen diese Methoden dazu, daß die Parteiorganisation die Partei selbst, das ZK die Parteiorganisation und schließlich ein Diktator das ZK ersetzt.“ Später wurde Trotzki zum wichtigsten politischen Mitstreiter Lenins und war als Vorsitzender des Revolutionären Militärkomitees Hauptorganisator der Oktoberrevolution und als Volkskommissar für das Kriegswesen eine Schlüsselfigur im Bürgerkrieg. In innerparteilichen Machtkämpfen aufgerieben, wurde Trotzki 1927 aus der Partei ausgeschlossen und 1929 ins Exil abgeschoben. Seine theoretisch fundierte, radikale Stalinismuskritik führte 1940 zu seiner Ermordung in Mexiko, die im Auftrag Stalins erfolgte.
Trotzki verfocht seit 1906 seine Theorie der permanenten Revolution, in der er eine Ausweitung des revolutionären Prozesses auf alle entwickelten kapitalistischen Staaten Westeuropas für notwendig erklärte. Er lehnte daher Stalins These vom Aufbau des Sozialismus in einem Lande entschieden ab. Trotzki hat als erster kommunistischer Theoretiker eine prinzipielle Bürokratiekritik gegenüber dem Machtapparat Stalins formuliert und mit der Forderung nach ununterbrochener Revolutionierung der Gesellschaft den chinesischen Kommunimus ebenso beeinflußt wie die anarchokommunistische Position der von ihm selbst 1938 gegründeten IV. Internationale (heute unter Führung Ernest Mandels zur politischen Randgruppe geworden) bestimmt.

1904 „Unsere politischen Aufgaben“
1906 „Ergebnisse und Perspektiven“
1920 „Terrorismus und Kommunismus“
1923 „Die Grundlagen der Revolution“
1929 „Die internationale Revolution und die Kommunistische Internationale“
1937 „Stalins Verbrechen“ u. a.

Nikolai Iwanowitsch Bucharin, 1888–1938
führender Theoretiker der Bolschewiki, Mitglied des Politbüros, von Stalin entmachtet und nach einem Schauprozeß 1938 hingerichtet
Bucharin, von Lenin zum „wertvollsten und bedeutendsten Theoretiker der Partei" erklärt, hat in seinen zahlreichen Schriften wesentliche Grundlagen für die Entwicklung der offiziellen Parteidoktrin geliefert. Die Theorie vom Sozialismus in einem Lande stützte Bucharin durch seine These von einer (zeitweiligen) „relativen Stabilisierung des Kapitalismus" und den Hinweis auf den „allmählichen Aufbau des Sozialismus" als Ergebnis einer langdauernden Übergangsperiode. Gegen die sog. „Linksopposition" (mit Trotzki), die eine radikale Ausnutzung der Bauern für die „ursprüngliche sozialistische Akkumulation", d. h. die Beschaffung der Investitionsmittel für die Industrialisierung, forderte, vertrat Bucharin in der „Industrialisierungsdebatte" der zwanziger Jahre den Standpunkt, man müsse eine freie Entwicklung der Landwirtschaft anstreben, um die dort erzielten Überschüsse in Form von Staatsanleihen für den industriellen Aufbau zu nutzen. Bucharin war auch der Verfasser des „Programms der Kommunistischen Internationale" (1928).

1914 „Politische Ökonomie des Rentners"
1915 „Weltwirtschaft und Imperialismus"
1920 „Ökonomik der Übergangsperiode"
1924 „Imperialismus und Akkumulation des Kapitals"

Josip Broz (Tito), geb. 1892
seit 1940 Führer der kommunistischen Partei Jugoslawiens
Tito stellte sich nach einer längeren Auseinandersetzung 1948 endgültig gegen den sowjetischen Vormachtanspruch innerhalb des sozialistischen Lagers. Er hat seit 1950 eine eigenständige außenpolitische Position entwickelt, die als „aktive Neutralitätspolitik" definiert wird und Grundprinzipien einer friedlichen Koexistenzpolitik zuerst festlegte. Indem er 1950 das System der gesellschaftlichen Selbstverwaltung in Jugoslawien einführte, begann er ein Experiment, in dem die Marxsche Forderung nach einer Selbstbestimmung der Produzenten stärker berücksichtigt wurde als im zentralistischen Modell des Sowjetkommunismus. Obwohl kaum selbst als Theoretiker hervorgetreten, hat Tito durch seine Politik ein eigenes Sozialismusmodell, den Selbstverwaltungssozialismus, begründet. (Die theoretische Formulierung des jugoslawischen Weges erfolgte vor allem durch Edward Kardelj.)

Mao Tse-tung, geb. 1893
Aus bäuerlichen Verhältnissen stammend, wurde Mao nach seinem Universitätsstudium Bibliotheksangestellter und Mitbegründer der KP Chinas (1921) in Schanghai. Gegen die eigene Parteileitung und die sowjetisch-orthodoxe Lehre vertrat Mao eine auf die Bauern bezogene revolutionäre Befreiungsstrategie, die er in seiner Lehre vom Volkskrieg theoretisch und praktisch konkretisiert hat. Nach dem Sieg der chinesischen Kommunisten und der Proklamierung der Volksrepublik China am 1. Oktober 1949 wird Mao zur beherrschenden Figur der chinesischen Politik. Seine Lehren werden als „Mao-Tse-tung-Ideen" in den Rang einer alle Lebensbereiche beherrschenden Anleitung zum Handeln erhoben und gelten in der Auseinandersetzung mit dem sowjetischen Revisionismus und „Sozialfaschismus" seit dem Beginn der sechziger Jahre als einzige verbindliche Fortsetzung der marxistisch-leninistischen Tradition. Mit der Errichtung der Volkskommunen (1958) hat Mao versucht, eine neue Organisationsform des Sozialismus zu entwickeln, die den spezifischen Bedingungen einer vorwiegend agrarisch bestimmten Gesellschaft entspricht. Mao führt die Theorie der Widersprüche durch seine Unterscheidung zwischen den „Widersprüchen im Volk" und den „Widersprüchen zwischen dem Volk und seinen Feinden" weiter und ergänzt sie durch die Lehre vom Kampf der „zwei Li-

nien", die den sozialistischen Aufbau als eine permanente Auseinandersetzung mit dem inneren Klassenfeind erscheinen läßt. Der Kampf gegen Bürokratisierungstendenzen erfordert eine ständig wiederholte „Kulturrevolution", die Entstehung neuer Eliten muß durch die Verpflichtung der leitenden Kader zu zeitweiliger materieller Arbeit verhindert werden. Durch seine Theorie vom Volkskrieg, die eine neue Guerillastrategie begründete, hat Mao insbesondere in der Dritten Welt erheblichen Einfluß erringen können.

1940 „Über die neue Demokratie"
1949 „Über die volksdemokratische Diktatur"
1950 „Über die Praxis"
1957 „Über die richtige Lösung der Widersprüche im Volk"

Der „Revisionismus"

Vorbemerkung: Im kommunistischen Sprachgebrauch der Gegenwart enthalten die Begriffe „Revisionismus" und „Reformismus" den Vorwurf einer prinzipiellen Abweichung von der reinen Lehre und dienen in der politischen Auseinandersetzung zur theoretischen Disqualifikation jener politischen Gegner, die andere Vorstellungen von Sozialismus geltend machen. Entwicklungsgeschichtlich betrachtet, ist der Revisionismus – von Bernstein zum Programm erhoben – durch einen antidogmatischen Standpunkt gekennzeichnet, der auch die Thesen von Marx einer permanenten Prüfung und Revision im Lichte konkreter historischer Veränderungen unterziehen wollte. Dabei war er gleichzeitig mit der Überzeugung von der Möglichkeit eines evolutionären, reformistischen Weges zum Sozialismus verbunden. Man kann daher den Revisionismus als antidogmatische und antirevolutionäre „Aufhebung" des Marxismus bestimmen. Bernstein selbst hat den Begriff Revisionismus so charakterisiert: „Das Wort zeigt nur das Bedürfnis oder Verlangen nach Änderungen an, ohne diese Änderungen schon genau zu umgrenzen. Lediglich ihre Richtung steht außerhalb allen Zweifels. Revisionismus heißt Weiterbildung von Theorie und Praxis der Sozialdemokratie im evolutionistischen Sinne."

Eduard Bernstein, 1850–1932
Bernstein, Redakteur der zur Zeit des Sozialistengesetzes in Zürich erscheinenden Zeitung „Sozialdemokrat", geht 1888 nach England, wo er Engels kennenlernt und Kautskys Mitarbeiter an der „Neuen Zeit" wird. Dort erfolgt seine Wandlung vom orthodoxen Marxisten zum Revisionisten.
Statt einen auf Revolution abzielenden Klassenkampf zu führen, sollen die Sozialisten innerhalb der bürgerlichen Demokratie parlamentarisch und gewerkschaftlich ihr Ziel verfolgen. („Dieses Ziel, was immer es sei, ist mir gar nichts, die Bewegung alles.") Von einer Stabilisierung der kapitalistischen Gesellschaftsordnung ausgehend, kritisiert Bernstein die Prognose einer wachsenden Verelendung des Proletariats, die Marxsche Krisentheorie und die Arbeitswerttheorie, lehnt das Marxsche Klassenschema sowie eine deterministische Auslegung der materialistischen Geschichtsauffassung ab, leugnet die Notwendigkeit einer gewaltsamen Revolution und fordert die Anerkennung des parlamentarischen Weges zur sozialistischen Machtübernahme. „Wir setzen heute durch Stimmzettel, Demonstration und ähnliche Pressionsmittel Reformen durch, für die es vor hundert Jahren blutiger Revolutionen bedurft hätte." In der deutschen Sozialdemokratie war diese reformistische Auffassung, die eine Reihe von Marxscher Grundpositionen unbefangen revidierte, zunächst heftig umstritten („Revisionismusstreit") und forderte vor allem die radikale Kritik Rosa Luxemburgs heraus. In der Folgezeit wurden die Überlegungen Bernsteins eine wichtige Grundlage für die Entwicklung einer Theorie des demokratischen Sozialismus und haben auch die neomarxistischen Theorien eines „humanen Sozialismus" beeinflußt.

1899 „Die Voraussetzungen des Sozialismus und die Aufgaben der Sozialdemokratie"
1901 „Wie ist wissenschaftlicher Sozialismus möglich? "
1906 „Parlamentarismus und Sozialdemokratie"
1909 „Der Revisionismus in der Sozialdemokratie"
1911 „Von der Sekte zur Partei"
1922 „Der Sozialismus einst und jetzt" u. a.

Der Staat gilt den Revisionisten nicht mehr als der Herrschaftsapparat des Klassengegners, der revolutionär zu bekämpfen ist, sondern als Mittel politischer Gestaltung durch die parlamentarische Mehrheit, die es in allgemeinen, freien, gleichen und geheimen Wahlen zu erringen gilt. Die Mehrheitssozialisten werden damit zur staatstragenden Partei. Ihre Politik zielt nun auf die Begründung einer freiheitlichen demokratischen Ordnung ab, in der politische und wirtschaftliche Chancenungleichheiten soweit wie möglich abgebaut werden sollen, um jedem Bürger eine freie politische Mitverantwortung zu ermöglichen.

Die heutige Sozialdemokratie steht damit überall im schärfsten Gegensatz zum Sowjetkommunismus, der den „Sozialdemokratismus" als Hauptform des Revisionismus bekämpft.

LITERATURHINWEISE

I. Kommunistische Literatur

1. Zitierte Lehrbücher
   (Die vorgestellten Nummern entsprechen den Zahlen unter den Zitaten)

(1) Grundlagen der marxistisch-leninistischen Philosophie. Hrsg.: Akademie der Wissenschaften der UdSSR, Institut für Philosophie; Ministerium für Hoch- und Fachschulwesen der UdSSR. Dietz Verlag, Berlin 1973 (3., nach der 2. russischen Ausgabe durchgesehene Auflage, 662 S.)
(2) Dialektischer und historischer Materialismus. Lehrbuch für das marxistisch-leninistische Grundlagenstudium. Von einem Autorenkollektiv. Als Lehrbuch an den Universitäten, Hoch- und Fachschulen der DDR anerkannt. Dietz Verlag, Berlin 1974 (720 S.)
(3) Einführung in den dialektischen und historischen Materialismus. Von einem Autorenkollektiv im Auftrag des Ministeriums für Volksbildung der DDR. Dietz Verlag, Berlin 1972 (3. Auflage, 536 S.)
(4) Politische Ökonomie des Kapitalismus und des Sozialismus. Lehrbuch für das marxistisch-leninistische Grundlagenstudium. Von einem Autorenkollektiv. Als Lehrbuch an den Universitäten, Hoch- und Fachschulen der DDR anerkannt. Dietz Verlag, Berlin 1974 (874 S.)
(5) Wissenschaftlicher Kommunismus. Von einem Autorenkollektiv unter Mitarbeit der Abteilung Wissenschaftlicher Kommunismus des Instituts für Marxismus-Leninismus beim ZK der KPdSU. Dietz Verlag, Berlin (618 S.)
(6) Marxistisch-leninistische Staats- und Rechtstheorie. Lehrbuch. Hrsg.: Institut für Theorie des Staates und des Rechts der Akademie der Wissenschaften der DDR. Als Lehrbuch für die Ausbildung an Universitäten und Hochschulen der DDR anerkannt. Staatsverlag, Berlin 1975 (624 S.)

2. Weitere grundlegende Werke

Geschichte der Kommunistischen Partei der Sowjetunion. Von einem Autorenkollektiv. Dietz Verlag, Berlin 1973 (Vierte, ergänzte Ausgabe, 900 S.)
Geschichte der marxistischen Dialektik. Von der Entstehung des Marxismus bis zur Lenin-

schen Etappe. Hrsg.: Akademie der Wissenschaften der UdSSR, Institut für Philosophie. Dietz Verlag, Berlin 1974 (488 S.)
Grundkurs des wissenschaftlichen Kommunismus. Von einem Autorenkollektiv unter Leitung von W. G. Afanassjew. Gemeinschaftsausgabe der Verlage Dietz, Berlin und Progreß, Moskau 1973 (496 S.)
L. I. Breshnew u. a.: Der XXIV. Parteitag der KPdSU. Einheit von Theorie und Praxis. Dietz Verlag, Berlin 1974 (524 S.)
P. N. Fedossejew: Der Marxismus im 20. Jahrhundert. Marx, Engels, Lenin und die Gegenwart. Akademie-Verlag, Berlin 1973 (534 S.)
A. F. Schischkin: Grundlagen der marxistischen Ethik. Dietz Verlag, Berlin 1964 (550 S.)
M. A. Suslow: Der Marxismus-Leninismus – die internationale Lehre der Arbeiterklasse. Dietz Verlag, Berlin 1974 (278 S.)
B. N. Topornin: Das politische System des Sozialismus. Staatsverlag der DDR, Berlin 1974 (214 S.)

II. Auswahl weiterführender Literatur

G. Bartsch: Kommunismus, Sozialismus und Karl Marx. Totalitärer, marxistischer und demokratischer Sozialismus? Schriftenreihe der Bundeszentrale für politische Bildung. Heft 72, Bonn 1968 (2., überarbeitete Auflage, 136 S.)
E. Fischer/F. Marek: Was Lenin wirklich sagte. Verlag Fritz Molden, Wien-Zürich-München 1969 (190 S.)
R. Garaudy: Die große Wende des Sozialismus. Deutscher Taschenbuch Verlag Nr. 801, München 1972 (218 S.)
Lenin-Chronik. Daten zu Leben und Werk. Zusammengestellt von Gerda und Hermann Weber. Reihe Hanser 152. Carl Hanser Verlag, München 1974 (276 S.)
W. Leonhard: Die Dreispaltung des Marxismus. Ursprung und Entwicklung des Sowjetmarxismus, Maoismus und Reformkommunismus. Econ Verlag, Düsseldorf und Wien 1970 (576 S.)
W. Leonhard: Am Vorabend einer neuen Revolution? Die Zukunft des Sowjetkommunismus. C. Bertelsmann Verlag, München-Gütersloh-Wien 1975 (432 S.)
B. Lewytzkyj: Politische Opposition in der Sowjetunion 1960–1972. Analyse und Dokumentation. Deutscher Taschenbuch Verlag Nr. 832, München 1972 (338 S.)
H.-J. Lieber/K. H. Ruffmann: Der Sowjetkommunismus. Dokumente. Kiepenheuer & Witsch Verlag, Köln und Berlin
Bd. 1: Die politisch-ideologischen Konzeptionen, 1963 (518 S.)
Bd. 2: Die Ideologie in Aktion, 1964 (664 S.)
H. Marcuse: Die Gesellschaftslehre des sowjetischen Marxismus. Sammlung Luchterhand 182. Luchterhand Verlag, Darmstadt und Neuwied 1974, (256 S.)
D. Oberndörfer/W. Jäger: Marx-Lenin-Mao. Revolution und neue Gesellschaft. Verlag W. Kohlhammer, Stuttgart 1975 (2. Aufl., 146 S.)
M. Prucha/R. Thomas: Marx und die Folgen. v. Hase & Koehler Verlag, Mainz 1974 (192 S.)
P. Vranicki: Geschichte des Marxismus. Suhrkamp Verlag, Frankfurt a. M.
Bd. 1, 1972 und Bd. 2, 1974 (zus. 1136 S.)
B. D. Wolfe: Lenin, Trotzkij, Stalin. Drei, die eine Revolution machten. Europäische Verlagsanstalt, Frankfurt a. M. 1965 (818 S.)

PERSONENREGISTER